강철멘탈 Vol.2
Iron Will

실패, 회복, 근성, 습관

목 차 | TABLE OF CONTENTS

PART 1. 실패 · 06

FAILURE

PART 2. 회복 · 58

RECOVERY

PART 3. 근성 · 110

GRIT

PART 4. 습관 · 162

HABIT

PART. 1

실 패

FAILURE

Everyone experiences failure.

The moment we confront failure,

our thoughts and attitudes

determine future outcomes.

누구나 실패합니다.

실패를 마주한 순간,

우리의 생각과 태도가

미래의 결과를 좌우합니다.

1. DATE. 20 . . .

Failure is not the opposite of success; it is a stepping stone on the path to achievement.

실패는 성공의 반대가 아니라 성취로 가는 길에 놓인 디딤돌이다.

___

___

___

___

Vocabulary

opposite	the exact opposite
n. 반대, 정반대	정확한 반대
stepping stone	important stepping stone
n. 디딤돌, 발판	중요한 디딤돌
achievement	remarkable achievement
n. 성취, 업적	놀라운 성취
defeat	defeat the enemy
v. 패배시키다, 이기다	적을 물리치다
obstacle	overcome obstacles
n. 장애물, 방해물	장애물을 극복하다
insurmountable	insurmountable challenge
a. 극복할 수 없는	극복 불가능한 도전
setback	temporary setback
n. 좌절, 차질, 후퇴	일시적인 좌절

Failure only truly defeats us when we stop attempting to overcome it. Numerous successful people have faced obstacles that seemed insurmountable at first. By analyzing our failures, we can gather valuable insights that lead to future achievement. Each setback provides an opportunity to learn and grow stronger.

실패는 우리가 그것을 극복하려는 시도를 멈출 때에만 진정으로 우리를 패배시킵니다. 수많은 성공한 사람들이 처음에는 극복할 수 없어 보이는 장애물에 직면했습니다. 실패를 분석함으로써, 우리는 미래의 성취로 이어지는 소중한 통찰을 모을 수 있습니다. 각각의 좌절은 배우고 더 강해질 수 있는 기회를 제공합니다.

2. DATE. 20 . . .

Behind every failure lies the potential for a breakthrough; it's the persistent who discover it.

모든 실패 뒤에는 돌파구의 가능성이 숨겨져 있으며, 그것을 발견하는 사람은 바로 끈기 있는 이들이다.

Vocabulary

potential	great potential
n. 잠재력, 가능성	큰 잠재력
breakthrough	major breakthrough
n. 돌파구, 획기적 발전	중대한 돌파구
persistent	persistent effort
a. 끈기 있는, 지속적인	끈기 있는 노력
fundamental	fundamental principle
a. 근본적인, 기본적인	근본적인 원칙
enhance	enhance performance
v. 향상시키다, 증진시키다	성능을 향상시키다
insightful	insightful analysis
a. 통찰력 있는, 예리한	통찰력 있는 분석
setback	overcome setbacks
n. 좌절, 차질, 후퇴	좌절을 극복하다

The persistent individual sees failure as being fundamental to growth rather than a reason to complain. Each attempt enhances your understanding and brings you closer to success. Insightful learners discover that setbacks often contain the seeds of breakthrough solutions. Your potential is revealed not in easy victories but in how you respond to challenges.

끈기 있는 사람은 실패를 불평할 이유라기보다 성장에 본질적인 것으로 봅니다. 각 시도는 당신의 이해를 높이고, 성공에 더 가까워지게 합니다. 통찰력 있는 학습자들은 좌절이 종종 혁신적인 해결책의 씨앗을 담고 있다는 것을 발견합니다. 당신의 잠재력은 쉬운 승리에서가 아니라, 당신이 도전에 어떻게 반응하는지에서 드러납니다.

3. DATE. 20 . . .

The pain of failure becomes the foundation of resilience when it is embraced, not avoided.

실패의 고통은 회피하지 않고 받아들일 때, 회복력의 기반이 된다.

___

___

___

Vocabulary

pain	feel pain
n. 고통, 괴로움	고통을 느끼다
failure	fear of failure
n. 실패	실패에 대한 두려움
foundation	build a foundation
n. 기반, 토대	기반을 구축하다
resilience	demonstrate resilience
n. 회복력	회복력을 보여주다
embrace	embrace change
v. 받아들이다	변화를 받아들이다
avoid	avoid responsibility
v. 피하다	책임을 회피하다
transform	transform failure
v. 변화시키다	실패를 변화시키다

Failure is not something to fear but something to learn from. When we embrace failure instead of avoiding it, we build resilience. This mindset helps us transform pain into progress. Facing challenges becomes a powerful foundation for long-term growth.

실패는 두려워해야 할 것이 아니라, 배워야 할 것입니다. 우리가 실패를 피하지 않고 받아들일 때, 우리는 회복력을 구축하게 됩니다. 이러한 사고방식은 고통을 발전으로 변화시키는 데 도움을 줍니다. 도전에 맞서는 것은 장기적인 성장의 강력한 기반이 됩니다.

4. DATE. 20 . . .

Every failure carries the seeds of valuable knowledge, waiting for those patient enough to harvest them.

모든 실패는 가치 있는 지식의 씨앗을 품고 있으며, 그것을 수확할 수 있을 만큼 인내심 있는 사람들을 기다리고 있다.

Vocabulary

carry	carry responsibility
v. 나르다, 품다	책임을 지다
seed	plant seeds
n. 씨앗, 종자	씨앗을 심다
harvest	harvest crops
v. 수확하다, 거두다	작물을 수확하다
innovative	innovative approach
a. 혁신적인, 창의적인	혁신적인 접근법
arise	problems arise
v. 발생하다, 일어나다	문제가 발생하다
determination	strong determination
n. 결심, 의지	강한 의지
emerge	emerge gradually
v. 나타나다, 드러나다	점진적으로 나타나다

The most innovative solutions often arise from the lessons of past failures. With patience and determination, you can harvest insights that others miss. Each failure presents an opportunity to gain valuable experience that cannot be acquired through success alone. Those who recognize this pattern tend to emerge stronger and more capable after each setback.

가장 혁신적인 해결책들은 종종 과거 실패의 교훈에서 발생합니다. 인내심과 의지를 가지고 있다면, 다른 사람들이 놓치는 통찰력을 수확할 수 있습니다. 각각의 실패는 성공만으로는 얻을 수 없는 소중한 경험을 획득할 기회를 제공합니다. 이러한 패턴을 인식하는 사람들은 각각의 좌절 후에 더 강하고 유능한 모습으로 나타나는 경향이 있습니다.

5. DATE. 20 . . .

Failure is not your enemy but your instructor, teaching lessons that success never could.

실패는 당신의 적이 아니라 당신의 스승이며, 성공이 결코 줄 수 없는 교훈을 전해준다.

Vocabulary

instructor	swimming instructor
n. 강사, 지도자	수영 강사
interpret	interpret data
v. 해석하다, 통역하다	데이터를 해석하다
determine	determine outcome
v. 결정하다, 좌우하다	결과를 결정하다
character	build character
n. 성격, 인격	인격을 형성하다
unsuccessful	unsuccessful attempt
a. 성공하지 못한, 실패한	실패한 시도
benefit	benefit society
v. 이롭게 하다, 혜택을 주다	사회에 이롭게 하다
achiever	high achiever
n. 성취자, 성공한 사람	큰 성취를 이룬 사람

How you interpret failure determines its impact on your character development. When viewed correctly, every unsuccessful attempt benefits your growth in ways success cannot. The lessons learned through failure often lead to better outcomes in the future. Great achievers understand that their most valuable instructor was not success but the failures that shaped their path.

당신이 실패를 어떻게 해석하느냐가 그것이 당신의 인격 발달에 어떤 영향을 미치는지를 결정합니다. 실패를 제대로만 본다면, 모든 실패한 시도는 성공이 줄 수 없는 방식으로 당신의 성장에 도움이 됩니다. 실패를 통해 얻은 교훈은 종종 더 나은 미래의 결과로 이어집니다. 위대한 성취자들은 가장 값진 스승이 성공이 아니라 그들의 길을 형성한 실패였음을 이해합니다.

6. DATE. 20 . . .

Failure is merely feedback, telling you to adjust your approach but never to abandon your dreams.

실패는 단지 피드백일 뿐이며, 당신에게 접근 방식을 조정하라고 하지만, 결코 꿈을 포기하라고 하지는 않는다.

___

___

___

Vocabulary

merely	merely suggesting
ad. 단지, 그저	단지 제안하는
feedback	constructive feedback
n. 피드백, 의견	건설적인 피드백
adjust	adjust settings
v. 조정하다, 적응하다	설정을 조정하다
abandon	abandon project
v. 포기하다, 버리다	프로젝트를 포기하다
dread	dread consequences
v. 두려워하다, 걱정하다	결과를 두려워하다
unwavering	unwavering support
a. 흔들림 없는, 확고한	확고한 지지
attain	attain goals
v. 달성하다, 획득하다	목표를 달성하다

Those who dread failure often miss the valuable feedback it provides. With unwavering conviction and a willingness to adjust, you can attain goals that once seemed impossible. Successful people understand that failure doesn't suggest abandoning your dreams but rather refining your approach. Excessive reliance on always succeeding the first time limits your growth potential.

실패를 두려워하는 사람들은 종종 그것이 제공하는 소중한 피드백을 놓칩니다. 흔들림 없는 확신과 기꺼이 조정하려는 의지를 가진다면, 한때 불가능해 보였던 목표도 달성할 수 있습니다. 성공한 사람들은 실패가 당신의 꿈을 포기하라는 것이 아니라, 오히려 접근 방식을 다듬으라는 것임을 이해합니다. 처음부터 무조건 성공해야 한다고 생각하는 것은 성장의 가능성을 막습니다.

_____

_____

_____

_____

_____

_____

_____

7. DATE. 20 . . .

In the arithmetic of achievement, failure is not subtraction but addition to your wisdom.

성취의 산술에서 실패는 뺄셈이 아니라, 당신의 지혜에 더해지는 것이다.

___

___

___

Vocabulary

arithmetic	basic arithmetic
n. 산술, 계산	기본 산술
achievement	notable achievement
n. 성취, 업적	주목할 만한 성취
addition	valuable addition
n. 추가, 덧셈	가치 있는 추가
encounter	encounter difficulties
v. 마주치다, 겪다	어려움을 겪다
endurance	test endurance
n. 인내력, 지구력	인내력을 시험하다
modify	modify plans
v. 수정하다, 변경하다	계획을 수정하다
transform	transform society
v. 변화시키다, 변형하다	사회를 변화시키다

Each failure you encounter adds to your understanding rather than diminishes your worth. Those with endurance see setbacks as opportunities to modify their approach. Wisdom is not acquired through success alone but through processing the lessons of failure. The ability to learn and grow from mistakes is what transforms ordinary individuals into extraordinary achievers.

당신이 마주치는 각각의 실패는 당신의 가치를 깎는 것이 아니라, 당신의 이해를 더해줍니다. 인내심 있는 사람들은 좌절을 자신들의 접근 방식을 수정할 기회로 여깁니다. 지혜는 단지 성공을 통해서만 얻어지는 것이 아니라, 실패에서 얻은 교훈을 처리하는 과정을 통해 얻어집니다. 실수로부터 배우고 성장하는 능력이 평범한 사람을 비범한 성취자로 변화시킵니다.

_____

_____

_____

_____

_____

_____

_____

8. DATE. 20 . . .

Failure is the tuition you pay for education in real life; its lessons are worth every moment of struggle.

실패는 현실에서 교육을 위해 지불하는 수업료이며, 그 교훈은 고난의 모든 순간만큼 값진 것이다.

___

___

___

Vocabulary

tuition	pay tuition
n. 학비, 교육비	학비를 지불하다
struggle	ongoing struggle
n. 고난, 투쟁	지속적인 고난
deliberate	deliberate choice
a. 의도적인, 신중한	의도적인 선택
inevitable	inevitable consequence
a. 불가피한, 필연적인	불가피한 결과
acquire	acquire skills
v. 획득하다, 습득하다	기술을 습득하다
evolution	natural evolution
n. 진화, 발전	자연적 진화
impactful	impactful message
a. 영향력 있는, 효과적인	영향력 있는 메시지

Growth comes through deliberate practice and learning from inevitable failures. The knowledge you acquire through struggle often proves more valuable than those from easy lessons. Your evolution as a person is shaped by how you respond to setbacks, not just successes. The most impactful education comes not from books alone but from real-life experiences that challenge you.

성장은 의도적인 연습과 불가피한 실패로부터의 배움을 통해 옵니다. 분투를 통해 얻은 지식은 종종 쉬운 교훈보다 더 값진 것으로 입증됩니다. 한 인간으로서의 당신의 발전은 성공이 아니라 좌절에 어떻게 대응하는가에 의해 형성됩니다. 가장 영향력 있는 교육은 책에서만 오는 것이 아니라, 당신에게 도전을 주는 현실의 경험에서 옵니다.

9. DATE. 20 . . .

Failures are the stepping stones that bridge the gap between your dreams and achievements.

실패는 당신의 꿈과 성취 사이의 간격을 메워주는 디딤돌이다.

Vocabulary

stepping stone	important stepping stone
n. 디딤돌, 발판	중요한 디딤돌
bridge	bridge differences
v. 연결하다, 메우다	차이를 메우다
facilitate	facilitate learning
v. 촉진하다, 용이하게 하다	학습을 촉진하다
innovative	innovative technology
a. 혁신적인, 창의적인	혁신적인 기술
mature	mature slowly
v. 성숙해지다, 발전하다	천천히 성숙해지다
spark	spark interest
v. 불꽃을 일으키다, 자극하다	관심을 자극하다
conventional	conventional wisdom
a. 관습적인, 전통적인	전통적인 지혜

Failures often facilitate growth by forcing you to find innovative solutions. The path to your dreams becomes clearer as you mature through overcoming obstacles. Your creativity is sparked most powerfully when conventional approaches fail. Those who successfully bridge the gap between dreams and achievements understand that setbacks are not detours but essential parts of the journey.

실패는 종종 당신이 혁신적인 해결책을 찾도록 강요함으로써 성장을 촉진합니다. 장애물을 극복하며 성숙해질수록, 당신의 꿈으로 가는 길은 더욱 명확해집니다. 전통적인 방식이 실패할 때, 당신의 창의성은 가장 강하게 자극됩니다. 꿈과 성취 사이의 간격을 성공적으로 메우는 사람들은, 좌절이 우회로가 아니라 여정의 필수적인 일부임을 이해합니다.

_____

_____

_____

_____

_____

_____

_____

10. DATE. 20 . . .

Failure is not the end of your journey but a detour that leads to unexpected discoveries.

실패는 당신의 여정의 끝이 아니라, 예상치 못한 발견으로 이끄는 우회로이다.

___

___

___

Vocabulary

detour	temporary detour
n. 우회로, 우회	일시적인 우회로
unexpected	unexpected result
a. 예상치 못한, 뜻밖의	예상치 못한 결과
navigate	navigate challenges
v. 헤쳐나가다, 항해하다	도전을 헤쳐나가다
substantial	substantial progress
a. 상당한, 실질적인	상당한 진전
comprehensive	comprehensive review
a. 포괄적인, 종합적인	포괄적인 검토
emerge	emerge suddenly
v. 나타나다, 드러나다	갑자기 나타나다
precisely	precisely measured
ad. 정확히, 바로	정확히 측정된

Those who navigate failure with courage often make substantial discoveries about themselves. Every detour on your journey provides a comprehensive view you might have missed otherwise. The most unexpected opportunities sometimes emerge from what initially appears to be failure. Your greatest strength might be revealed precisely in the moment when you feel most defeated.

실패를 용기 있게 헤쳐나가는 사람들은 종종 자신에 대해 상당한 발견을 하게 됩니다. 당신의 여정에서의 모든 우회로는, 그렇지 않았다면 놓쳤을 수도 있는 포괄적인 시야를 제공합니다. 가장 예상치 못한 기회들은 때때로 처음에는 실패처럼 보이는 것에서 나타납니다. 당신의 가장 큰 강점은 바로 당신이 가장 좌절감을 느끼는 그 순간에 드러날 수 있습니다.

_____

_____

_____

_____

_____

_____

_____

11. DATE. 20 . . .

Every failure contains a hidden lesson that will ultimately contribute to your success.

모든 실패에는 궁극적으로 당신의 성공에 기여하게 될 숨겨진 교훈이 담겨 있다.

___

___

___

Vocabulary

contain	contain information
v. 담고 있다, 포함하다	정보를 담고 있다
hidden	hidden message
a. 숨겨진, 감춰진	숨겨진 메시지
ultimately	ultimately succeed
ad. 궁극적으로, 결국에는	궁극적으로 성공하다
contribute	contribute significantly
v. 기여하다, 공헌하다	상당히 기여하다
contemplate	contemplate options
v. 숙고하다, 심사숙고하다	선택지를 숙고하다
implement	implement changes
v. 실행하다, 이행하다	변화를 실행하다
insight	valuable insight
n. 통찰력, 이해	가치 있는 통찰력

Setbacks require us to contemplate our approach and implement necessary changes. The hidden lessons in failure can transform your understanding of success itself. When you contribute your best effort despite previous setbacks, you build resilience. Those who examine their failures carefully often discover insights that others miss entirely.

좌절은 우리가 우리의 접근 방식을 숙고하고 필요한 변화를 실행하도록 요구합니다. 실패 속에 숨겨진 교훈은 성공에 대한 당신의 이해 자체를 변화시킬 수 있습니다. 이전의 좌절에도 불구하고 최선의 노력을 기울일 때, 당신은 회복력을 기르게 됩니다. 자신의 실패를 주의 깊게 살펴보는 사람들은 종종 다른 이들이 완전히 놓치는 통찰을 발견하게 됩니다.

_____

_____

_____

_____

_____

_____

_____

12. DATE. 20 . . .

Failures are not your identity but your laboratory, where breakthrough ideas are born through experimentation.

실패는 당신 자신을 규정하는 것이 아니라, 시행착오를 통해 혁신적인 아이디어가 만들어지는 실험실이다.

Vocabulary

identity	cultural identity
n. 정체성, 신원	문화적 정체성
laboratory	research laboratory
n. 실험실, 연구소	연구 실험실
breakthrough	scientific breakthrough
n. 돌파구, 획기적 발전	과학적 돌파구
experimentation	scientific experimentation
n. 실험, 시험	과학적 실험
innovator	successful innovator
n. 혁신가, 창조자	성공한 혁신가
venture	new venture
n. 모험, 사업	새로운 사업
perseverance	show perseverance
n. 인내, 끈기	인내를 보여주다

The most capable innovators discard the fear of failure in favor of experimentation. No venture can guarantee success, but each attempt builds your capacity for achievement. Your identity should never be defined by setbacks but rather by your perseverance through them. The laboratory of failure is where the most valuable breakthrough ideas often emerge after multiple attempts.

가장 유능한 혁신가들은 실패에 대한 두려움을 버리고 실험을 선택합니다. 어떤 모험도 성공을 보장할 수는 없지만, 각 시도는 성취를 위한 당신의 역량을 쌓아줍니다. 당신의 정체성은 결코 좌절에 의해 정의되어서는 안 되며, 오히려 그것을 견뎌낸 당신의 인내를 통해 정의되어야 합니다. 실패라는 실험실은 가장 가치 있는 혁신적인 아이디어가 여러 번의 시도 끝에 자주 탄생하는 장소입니다.

13. DATE. 20   .   .   .

Every significant achievement in history was preceded by a string of failures that shaped the path to success.

역사상 모든 중요한 성취에는 성공으로 이끄는 길을 형성한 일련의 실패들이 선행되었습니다.

Vocabulary

significant	significant impact
a. 중요한, 유의미한	중요한 영향
achievement	major achievement
n. 성취, 업적	주요 성취
precede	precede changes
v. 선행하다, 앞서다	변화에 선행하다
string	string of events
n. 줄, 연속	연속된 사건들
innovation	technological innovation
n. 혁신, 창조	기술적 혁신
numerous	numerous examples
a. 다수의, 많은	많은 예시들
component	essential component
n. 구성요소, 부품	필수적인 구성요소

History is filled with innovations that were shaped by numerous failures along the path. The string of setbacks that precede success often goes unnoticed in the final achievement. Every significant breakthrough comes after countless attempts that didn't work as expected. Those who understand this pattern recognize that failure is an essential component of eventual success.

역사는 수많은 실패를 거치며 형성된 혁신들로 가득합니다. 성공에 앞서는 일련의 좌절들은 최종적인 성취 속에서 종종 눈에 띄지 않습니다. 모든 중요한 돌파는 예상대로 되지 않았던 수많은 시도 이후에 찾아옵니다. 이 패턴을 이해하는 사람들은 실패가 결국 성공의 필수적인 구성 요소임을 인식합니다.

_____

_____

_____

_____

_____

_____

_____

_____

14. DATE. 20 . . .

Failure is the tuition you pay for a real-world education you can't get from any textbook.

실패는 어떤 교과서에서도 배울 수 없는 실제 세상 교육을 위해 치르는 수업료이다.

___

___

___

Vocabulary

tuition	affordable tuition
n. 학비, 교육비	적정한 학비
compensate	compensate losses
v. 보상하다, 메우다	손실을 보상하다
invaluable	invaluable experience
a. 매우 귀중한, 값을 매길 수 없는	매우 귀중한 경험
application	practical application
n. 적용, 응용	실용적 적용
unexpected	unexpected result
a. 예상치 못한	예상치 못한 결과
obstacle	overcome obstacles
n. 장애물, 방해물	장애물을 극복하다
conventional	conventional approach
a. 관습적인, 전통적인	전통적인 접근법

Theory from textbooks cannot compensate for the invaluable lessons learned through failure. The application of knowledge in real-world situations often leads to unexpected challenges. Education gained through overcoming obstacles has a depth that formal learning alone cannot provide. Those who embrace failure as a teacher often develop insights that go beyond conventional wisdom.

교과서 속 이론은 실패를 통해 얻는 매우 귀중한 교훈을 대신할 수 없습니다. 실제 상황에서 지식을 적용하는 과정은 종종 예상치 못한 도전으로 이어집니다. 장애물을 극복하며 얻은 교육은 형식적인 학습만으로는 결코 제공될 수 없는 깊이를 가집니다. 실패를 스승으로 받아들이는 사람들은 종종 전통적인 지혜를 넘어서는 통찰을 발전시킵니다.

_____

_____

_____

_____

_____

_____

_____

_____

15. DATE. 20 . . .

The greatest obstacle to success is not failure but the fear of failure that prevents you from trying.

성공을 가로막는 가장 큰 장애물은 실패가 아니라, 당신의 시도를 막는 실패에 대한 두려움이다.

Vocabulary

obstacle	major obstacle
n. 장애물, 방해물	주요 장애물
prevent	prevent accidents
v. 막다, 예방하다	사고를 예방하다
paralyze	paralyze movement
v. 마비시키다, 무력화하다	움직임을 마비시키다
charge	take charge
n. 책임, 담당	책임을 맡다
potential	potential danger
a. 잠재적인, 가능성 있는	잠재적 위험
inhibit	inhibit growth
v. 억제하다, 방해하다	성장을 억제하다
rewarding	rewarding experience
a. 보람 있는, 가치 있는	보람 있는 경험

Fear of failure can paralyze your ability to take charge of your future. The courage to try despite potential setbacks is what separates achievers from dreamers. When you inhibit your actions due to fear, you limit your potential for growth. Those who overcome this obstacle discover that attempting and failing is far more rewarding than never trying at all.

실패에 대한 두려움은 당신이 미래를 주도할 수 있는 능력을 마비시킬 수 있습니다. 잠재적인 좌절에도 불구하고 시도하려는 용기는 성취자와 단순한 몽상가를 구분 짓는 요소입니다. 두려움 때문에 행동을 억제하면, 당신은 자신의 성장 가능성을 제한하게 됩니다. 이 장애물을 극복한 사람들은 시도했다가 실패하는 것이 아무것도 시도하지 않는 것보다 훨씬 더 보람 있다는 것을 깨닫습니다.

16. DATE. 20 . . .

Failures are the compass that redirects you when you've strayed from the path to your true potential.

실패는 진정한 잠재력으로 가는 길에서 벗어났을 때, 다시 올바른 방향으로 이끌어주는 나침반이다.

___

___

___

Vocabulary

compass	moral compass
n. 나침반, 방향 감각	도덕적 나침반
redirect	redirect attention
v. 방향을 바꾸다, 재설정하다	주의를 재설정하다
stray	stray from path
v. 벗어나다, 길을 잃다	길에서 벗어나다
potential	reach potential
n. 잠재력, 가능성	잠재력에 도달하다
prompt	prompt action
v. 자극하다, 촉발하다	행동을 촉발하다
adapt	adapt quickly
v. 적응하다, 조정하다	빠르게 적응하다
align	align interests
v. 정렬하다, 일치시키다	이해관계를 일치시키다

Failure often prompts deep reflection that helps you reconsider your direction. The ability to adapt after setbacks is a strong indication of future success. When you stray from the path that aligns with your strengths, failure serves as a compass. Those who view failure as redirection rather than rejection unlock their true potential.

실패는 당신이 방향을 다시 고려하게 만드는 깊은 성찰을 자주 촉진합니다. 좌절 이후에 적응할 수 있는 능력은 미래의 성공을 강하게 예고하는 신호입니다. 당신의 강점과 일치하는 경로에서 벗어날 때, 실패는 나침반 역할을 합니다. 실패를 거절이 아니라 방향 전환으로 받아들이는 사람은 자신의 진정한 잠재력을 열어갑니다.

_____

_____

_____

_____

_____

_____

_____

_____

_____

17. DATE. 20 . . .

Failure doesn't mean you're not good enough; it means you're growing beyond your comfort zone.

실패는 당신이 부족하다는 뜻이 아니라, 당신이 편안한 영역을 넘어 성장하고 있다는 뜻이다.

___

___

___

Vocabulary

comfort zone	leave comfort zone
n. 편안한 영역, 안전지대	편안한 영역을 벗어나다
confuse	confuse issues
v. 혼동하다, 혼란스럽게 하다	문제를 혼동하다
temporary	temporary situation
a. 일시적인, 임시의	일시적인 상황
inadequacy	feelings of inadequacy
n. 부적절함, 불충분함	불충분함의 감정
embrace	embrace change
v. 받아들이다, 수용하다	변화를 받아들이다
distress	emotional distress
n. 고통, 괴로움	정서적 고통
milestone	important milestone
n. 이정표, 중요한 단계	중요한 이정표

Don't confuse temporary setbacks with permanent inadequacy; the setbacks are often signs of growth. A growth mindset embraces failure as evidence you're pushing beyond limitations. The emotional distress of failure is temporary, but the lessons are permanent. Those who understand this concept see setbacks not as judgments of worth but as milestones of development.

잠깐의 실패를 영원한 부족함으로 착각하지 마세요. 좌절은 종종 성장의 신호입니다. 성장 마인드를 가진 사람은 실패를 한계를 넘어 나아가고 있다는 증거로 받아들입니다. 실패로 인한 감정적 고통은 일시적이지만, 그로부터 얻는 교훈은 영원합니다. 이 개념을 이해하는 사람은 좌절을 자신의 가치를 판단하는 기준이 아니라, 발전의 이정표로 봅니다.

18. DATE. 20 . . .

Each failure removes one more way that doesn't work, bringing you one step closer to success.

각각의 실패는 작동하지 않는 방법 하나를 제거하면서 당신을 성공에 한 걸음 더 가까이 이끈다.

Vocabulary

remove	remove obstacles
v. 제거하다, 없애다	장애물을 제거하다
logic	sound logic
n. 논리, 이치	건전한 논리
persistence	show persistence
n. 지속성, 끈기	끈기를 보여주다
eliminate	eliminate errors
v. 제거하다, 없애다	오류를 제거하다
accumulate	accumulate wealth
v. 축적되다, 모이다	부를 축적하다
systematically	systematically analyze
ad. 체계적으로, 조직적으로	체계적으로 분석하다
principle	fundamental principle
n. 원칙, 원리	기본 원칙

Through logic and persistence, each failure eliminates one incorrect approach. The progress you make isn't always visible immediately but accumulates with each attempt. Success often comes to those who have systematically removed all the ways that don't work. Those who understand this principle recognize that each failure is a necessary step toward their goal.

논리와 끈기를 통해, 각각의 실패는 하나의 잘못된 접근 방식을 제거합니다. 당신이 이루는 진전은 즉시 보이지 않을 수도 있지만, 시도할 때마다 점차 축적됩니다. 성공은 종종 작동하지 않는 모든 방법을 체계적으로 제거한 사람들에게 찾아옵니다. 이 원칙을 이해하는 사람들은 각각의 실패가 자신의 목표를 향한 필수적인 단계임을 인식합니다.

---

19. DATE. 20 . . .

Your greatest failure may contain the seeds of your most remarkable success.

당신의 가장 큰 실패에는 당신의 가장 놀라운 성공의 씨앗이 들어 있을 수 있다.

Vocabulary

remarkable	remarkable achievement
a. 주목할 만한, 놀라운	주목할 만한 성취
convert	convert energy
v. 전환하다, 바꾸다	에너지를 전환하다
retrospect	in retrospect
n. 회고, 되돌아봄	돌이켜 보면
identify	identify problems
v. 확인하다, 식별하다	문제를 확인하다
crucial	crucial moment
a. 중요한, 결정적인	결정적인 순간
defeat	accept defeat
n. 패배, 실패	패배를 받아들이다
innovation	encourage innovation
n. 혁신, 혁신적 방법	혁신을 장려하다

The ability to convert setbacks into opportunities often reveals your greatest strengths. In retrospect, many successful people identify their crucial turning points as moments of failure. What initially appears as defeat may contain valuable insights that lead to remarkable achievement. Those who examine their failures closely discover the seeds of innovation hidden within them.

좌절을 기회로 전환하는 능력은 종종 당신의 가장 큰 강점을 드러냅니다. 돌이켜보면, 많은 성공한 사람들이 실패의 순간을 자신의 중요한 전환점으로 여깁니다. 처음에는 패배처럼 보였던 일이, 주목할 만한 성취로 이어지는 귀중한 통찰을 담고 있을 수 있습니다. 자신의 실패를 면밀히 살펴보는 사람은 그 안에서 숨겨진 혁신의 씨앗을 발견하게 됩니다.

20. DATE. 20 . . .

Failure trains you to be resilient in a way that success never could.

실패는 성공으로는 결코 배울 수 없는 방식으로 당신에게 회복력을 길러준다.

Vocabulary

resilient	resilient system
a. 회복력 있는, 탄력적인	회복력 있는 시스템
adversity	overcome adversity
n. 역경, 고난	역경을 극복하다
cultivate	cultivate skills
v. 기르다, 발전시키다	기술을 발전시키다
foundation	solid foundation
n. 기초, 토대	탄탄한 기초
lasting	lasting impact
a. 지속적인, 오래가는	지속적인 영향
extraordinary	extraordinary talent
a. 비범한, 특별한	비범한 재능
persist	persist despite obstacles
v. 지속하다, 고집하다	장애물에도 불구하고 지속하다

Adversity strengthens character in ways that easy success cannot. Those who cultivate resilience through failure build a foundation for lasting achievement. The ability to bounce back after setbacks is often what separates extraordinary individuals from average ones. Failure trains your mind to persist even when the path forward isn't clear.

역경은 쉬운 성공이 결코 해줄 수 없는 방식으로 당신의 성격을 강화합니다. 실패를 통해 회복력을 기른 사람은 지속적인 성취를 위한 튼튼한 기반을 세웁니다. 좌절 이후에 다시 일어서는 능력은 종종 비범한 사람과 평범한 사람을 구분 짓는 요소가 됩니다. 실패는 앞으로 나아가는 길이 분명하지 않을 때에도 계속 나아가도록 당신의 마음을 훈련시킵니다.

---

21. DATE. 20 . . .

Those who fear failure remain stagnant, while those who embrace it evolve continuously.

실패를 두려워하는 사람은 정체 상태에 머무는 반면, 실패를 받아들이는 사람은 끊임없이 진화한다.

Vocabulary

stagnant a. 정체된, 침체된	stagnant economy 침체된 경제
embrace v. 수용하다, 받아들이다	embrace diversity 다양성을 수용하다
evolve v. 진화하다, 발전하다	evolve gradually 점진적으로 진화하다
progressive a. 진보적인, 발전적인	progressive ideas 진보적인 아이디어
expand v. 확장하다, 넓히다	expand business 사업을 확장하다
confine v. 제한하다, 가두다	confine activities 활동을 제한하다
capability n. 능력, 역량	demonstrate capability 능력을 보여주다

A progressive mindset sees failure as an opportunity to expand rather than a reason to retreat. Those who confine themselves only to what feels safe never discover their full capabilities. The continuously evolving person understands that growth requires risking failure. Embracing the possibility of failure opens doors that remain closed to those paralyzed by fear.

진보적인 사고방식은 실패를 후퇴의 이유가 아니라 확장의 기회로 봅니다. 자신을 안전하게 느껴지는 것에만 가두는 사람은 결코 자신의 모든 능력을 발견하지 못합니다. 끊임없이 발전하는 사람은 성장이 실패를 감수하는 것을 요구한다는 사실을 이해합니다. 실패의 가능성을 받아들이는 것은, 두려움에 마비된 사람들에게는 닫혀 있는 문들을 열어줍니다.

22. DATE. 20 . . .

Failure refines your strength more than comfort ever could.

실패는 편안함이 절대 해줄 수 없는 방식으로 당신의 강인함을 정제한다.

___

___

___

Vocabulary

refine	refine your skills
v. 정제하다	기술을 정제하다
comfort	find comfort
n. 안락함	안락함을 찾다
failure	learn from failure
n. 실패	실패에서 배우다
adapt	adapt to change
v. 적응하다	변화에 적응하다
resistance	build resistance
n. 저항력	저항력을 기르다
pressure	handle pressure
n. 압력	압력을 다루다
difficulty	overcome difficulty
n. 어려움	어려움을 극복하다

Comfort may feel safe, but it doesn't make you stronger. Failure forces you to adapt and grow. It develops your resistance to pressure and fear. That's how true strength is refined—through difficulty.

편안함은 안전하게 느껴질 수 있지만, 당신을 더 강하게 만들지는 않습니다. 실패는 당신이 적응하고 성장하도록 강요합니다. 그것은 압박과 두려움에 대한 저항력을 길러줍니다. 진정한 강인함은 바로 어려움을 통해 단련되는 것입니다.

_____

_____

_____

_____

_____

_____

_____

_____

_____

_____

23. DATE. 20 . . .

Failure is not the opposite of success; it's part of the process that leads to it.

실패는 성공의 반대가 아니라 성공으로 이어지는 과정의 일부다.

Vocabulary

opposite	direct opposite
n. 반대, 정반대	직접적인 반대
process	complex process
n. 과정, 절차	복잡한 과정
misconception	common misconception
n. 오해, 잘못된 생각	흔한 오해
productive	productive meeting
a. 생산적인, 효율적인	생산적인 회의
integrate	integrate systems
v. 통합하다, 결합하다	시스템을 통합하다
inevitable	inevitable consequence
a. 불가피한, 필연적인	불가피한 결과
curiosity	natural curiosity
n. 호기심, 궁금증	자연스러운 호기심

A common misconception views failure and success as opposites rather than connected experiences. The most productive mindset integrates failure as an inevitable part of any worthwhile journey. Those who understand this relationship approach setbacks with curiosity rather than shame. Every successful person has a history of failures that shaped their path forward.

실패와 성공을 연결된 경험이 아니라 반대되는 것으로 보는 것은 흔한 오해입니다. 가장 생산적인 사고방식은 실패를 어떤 가치 있는 여정에서든 불가피한 일부로 통합합니다. 이 관계를 이해하는 사람은 좌절을 수치심이 아니라 호기심으로 받아들입니다. 모든 성공한 사람은 자신의 앞길을 형성한 실패의 역사를 가지고 있습니다.

_____

_____

_____

_____

_____

_____

_____

24. DATE. 20 . . .

When you reframe failure as feedback, every setback becomes a step forward.

당신이 실패를 피드백으로 바라보면, 모든 좌절은 한 걸음 더 나아가는 계기가 된다.

___

___

___

Vocabulary

reframe	reframe problems
v. 재구성하다, 다시 틀짜기다	문제를 재구성하다
feedback	constructive feedback
n. 피드백, 의견	건설적인 피드백
setback	minor setback
n. 좌절, 차질, 후퇴	사소한 좌절
perspective	different perspective
n. 관점, 시각	다른 관점
beneficial	beneficial effect
a. 유익한, 이로운	유익한 효과
refine	refine technique
v. 정제하다, 개선하다	기술을 개선하다
transform	transform society
v. 변형시키다, 바꾸다	사회를 변형시키다

Your perspective on failure ultimately determines whether it helps or hurts you. When viewed as beneficial feedback, setbacks become opportunities to refine your approach. The most successful people reframe their failures as necessary steps toward mastery. This shift in thinking transforms obstacles from roadblocks into stepping stones.

실패에 대한 당신의 관점이 그것이 당신에게 도움이 될지, 해가 될지를 궁극적으로 결정합니다. 그것을 유익한 피드백으로 바라볼 때, 좌절은 당신의 접근 방식을 다듬을 수 있는 기회가 됩니다. 가장 성공한 사람들은 실패를 숙련에 이르는 데 필요한 단계로 재구성합니다. 이러한 사고의 전환은 장애물을 걸림돌에서 디딤돌로 바꿉니다.

_____

_____

_____

_____

_____

_____

_____

_____

25. DATE. 20   . . .

Failure is a mirror—it reflects your limits, but also reveals your potential.

실패는 거울이다—당신의 한계를 비추지만, 가능성 또한 드러낸다.

___

___

___

Vocabulary

reflect	reflect reality
v. 반영하다	현실을 반영하다
limit	push limit
n. 한계	한계를 밀어내다
reveal	reveal truth
v. 드러내다	진실을 드러내다
potential	unlock potential
n. 잠재력	잠재력을 발휘하다
mindset	positive mindset
n. 사고방식	긍정적 사고방식
discover	discover talent
v. 발견하다	재능을 발견하다
strength	inner strength
n. 힘	내적 힘

Failure shows you where you are weak, but also where you can grow. It holds up a mirror to your actions and mindset. By reflecting honestly, you discover hidden strength. That's how failure becomes a path to greater potential.

실패는 당신이 약한 부분뿐만 아니라 성장할 수 있는 부분도 보여줍니다. 그것은 당신의 행동과 사고방식을 비추는 거울입니다. 정직하게 성찰할 때, 당신은 숨겨진 힘을 발견하게 됩니다. 그렇게 실패는 더 큰 잠재력으로 가는 길이 됩니다.

___

___

___

___

___

___

___

___

___

PART. 2

회 복

RECOVERY

Wounds eventually heal.

The insights and growth

we gain on our journey of recovery

shape the life ahead of us.

상처는 결국 아물어갑니다.

회복의 여정에서

우리가 얻는 깨달음과 성장이

앞으로의 삶을 형성합니다.

26. DATE. 20   .   .   .

True endurance leads to resilience and helps you adapt in hard times.

진정한 인내는 회복력으로 이어지며, 어려운 시기에 적응하는 데 도움을 줍니다.

___

___

___

Vocabulary

endurance	build endurance
n. 지구력	지구력을 기르다
resilience	show resilience
n. 회복력	회복력을 보여주다
adapt	adapt quickly
v. 적응하다	빠르게 적응하다
adjust	adjust strategy
v. 조정하다	전략을 조정하다
mindset	positive mindset
n. 사고방식	긍정적인 사고방식
challenge	face challenge
n. 도전	도전에 직면하다
setback	overcome setback
n. 좌절	좌절을 극복하다

Resilience is not just about strength; it's about the ability to adjust and move forward. In difficult times, adapting your mindset is key to growth. Challenges teach us endurance and make us mentally stronger. With resilience, you can turn any setback into an opportunity.

회복력은 단순한 강인함이 아니라, 조정하고 앞으로 나아가는 능력입니다. 어려운 시기에는 사고방식을 조정하는 것이 성장의 열쇠입니다. 도전은 우리에게 인내를 가르치고, 정신적으로 더 강하게 만들어 줍니다. 회복력을 가지면 어떤 좌절도 기회로 바꿀 수 있습니다.

27. DATE. 20 . . .

Recovery is the bridge between your past challenges and future triumphs.

회복은 당신의 과거의 도전과 미래의 승리를 잇는 다리이다.

Vocabulary

recovery	complete recovery
n. 회복, 복구	완전한 회복
bridge	build bridge
n. 다리, 연결	다리를 건설하다
challenge	overcome challenge
n. 도전, 어려움	도전을 극복하다
triumph	great triumph
n. 승리, 성공	위대한 승리
connect	connect ideas
v. 연결하다, 접속하다	아이디어를 연결하다
foundation	strong foundation
n. 기초, 토대	튼튼한 기초
navigate	navigate difficulties
v. 헤쳐나가다, 항해하다	어려움을 헤쳐나가다

Recovery connects your difficult experiences with the strength they helped create. The process of healing lays a foundation for future growth and achievement. Those who navigate this transition successfully often find greater purpose on the other side. Every triumph stands on the shoulders of a challenge that was overcome through recovery.

회복은 당신의 힘든 경험과, 그 경험이 만들어낸 강점을 연결해 줍니다. 치유의 과정은 미래의 성장과 성취를 위한 튼튼한 토대를 마련합니다. 이 전환기를 성공적으로 헤쳐 나가는 사람들은 종종 그 너머에서 더 큰 삶의 목적을 발견합니다. 모든 승리는 회복을 통해 극복된 도전의 어깨 위에 세워져 있습니다.

_____

_____

_____

_____

_____

_____

_____

28. DATE. 20 ． ． ．

Recovery reveals your capacity to regenerate and grow stronger from life's inevitable wounds.

회복은 인생의 불가피한 상처를 통해 재생하고 더 강해질 수 있는 당신의 능력을 드러낸다.

___

___

___

Vocabulary

recovery	rapid recovery
n. 회복, 복구	빠른 회복
capacity	mental capacity
n. 능력, 역량	정신적 능력
regenerate	regenerate tissues
v. 재생하다, 다시 생기게 하다	조직을 재생하다
inevitable	inevitable change
a. 불가피한, 필연적인	불가피한 변화
process	healing process
n. 과정, 절차	치유 과정
intrinsic	intrinsic value
a. 본질적인, 내재적인	본질적 가치
regeneration	tissue regeneration
n. 재생, 부활	조직 재생

The process of healing demonstrates your extraordinary capacity for renewal. Every recovery reveals intrinsic strengths you may not have recognized before. Those who understand this principle see wounds not as permanent damage but as opportunities for regeneration. The human capacity to heal and grow stronger is one of our most remarkable qualities.

치유의 과정은 당신의 놀라운 재생 능력을 보여줍니다. 모든 회복은 당신이 이전에는 알아차리지 못했던 본질적인 강점을 드러냅니다. 이 원칙을 이해하는 사람은 상처를 영구적인 손상이 아니라 재생의 기회로 봅니다. 치유하고 더 강해질 수 있는 인간의 능력은 우리가 가진 가장 놀라운 자질 중 하나입니다.

_____

_____

_____

_____

_____

_____

_____

_____

29. DATE. 20 . . .

True persistence helps you withstand pressure and develop tenacity in difficult moments.

진정한 끈기는 당신이 압박을 견디고, 어려운 순간에 강인함을 기를 수 있도록 도와준다.

Vocabulary

persistence	show persistence
n. 끈기	끈기를 보여주다
withstand	withstand pressure
v. 견뎌내다	압력을 견뎌내다
tenacity	demonstrate tenacity
n. 끈기, 강한 의지	끈기를 보여주다
persist	persist through difficulties
v. 지속하다	어려움을 뚫고 지속하다
endurance	build endurance
n. 지구력	지구력을 기르다
overcome	overcome setbacks
v. 극복하다	좌절을 극복하다
resilience	develop resilience
n. 회복력	회복력을 기르다
adversity	face adversity
n. 역경	역경에 직면하다

When you persist through tough situations, you become mentally stronger. Each time you withstand pressure, you develop new layers of endurance. Tenacity helps you overcome setbacks without giving up. With resilience, your mind becomes unshakable in adversity.

당신이 힘든 상황을 견디며 나아갈 때, 당신의 정신은 더 강해집니다. 압박을 견뎌낼 때마다 새로운 인내의 층이 형성됩니다. 끈기는 포기하지 않고 좌절을 극복하도록 도와줍니다. 회복력을 지닌 마음은 역경 속에서도 흔들리지 않습니다.

_____

_____

_____

_____

_____

_____

_____

_____

_____

30. DATE. 20 . . .

In recovery, you don't just heal what was broken; you build something stronger in its place.

회복이란, 단지 부러진 것을 치유하는 데 그치지 않고, 그 자리를 대신할 더 강한 무언가를 새로 구축하는 것이다.

___

___

___

Vocabulary

recovery	full recovery
n. 회복	완전한 회복
merely	merely temporary
ad. 단지	단지 일시적인
construct	construct building
v. 구축하다, 건설하다	건물을 건설하다
incorporate	incorporate feedback
v. 통합하다	피드백을 통합하다
resilience	demonstrate resilience
n. 회복력	회복력을 보여주다
recognize	recognize opportunity
v. 인식하다	기회를 인식하다
growth	personal growth
n. 성장	개인적 성장

Recovery is not merely about returning to a previous state but constructing something better. The process of healing incorporates the wisdom gained through difficulty. Those who truly recover often develop greater strength than they had before. Building resilience involves recognizing that some breaks create space for new growth.

회복은 단순히 이전 상태로 돌아가는 것이 아니라, 더 나은 무언가를 구축하는 것입니다. 치유의 과정은 어려움을 통해 얻은 지혜를 통합합니다. 진정으로 회복하는 사람들은 종종 이전보다 더 큰 힘을 발전시킵니다. 회복력을 기른다는 것은 어떤 단절이 새로운 성장을 위한 공간을 만들어 준다는 사실을 인식하는 것입니다.

_____

_____

_____

_____

_____

_____

_____

_____

31. DATE. 20 . . .

Recovery transforms wounds into wisdom and pain into purpose.

회복은 상처를 지혜로, 고통을 삶의 목적과 의미로 바꾼다.

___

___

___

___

Vocabulary

recovery n. 회복, 복구	full recovery 완전한 회복
transform v. 변형시키다, 바꾸다	transform society 사회를 변형시키다
wound n. 상처, 부상	heal wounds 상처를 치유하다
wisdom n. 지혜, 현명함	ancient wisdom 고대의 지혜
pain n. 고통, 아픔	chronic pain 만성 통증
alchemy n. 연금술, 변환술	magical alchemy 마법적인 연금술
purpose n. 목적, 의도	clear purpose 명확한 목적

The profound alchemy of recovery converts suffering into meaningful growth. Those who find purpose in their pain often experience the deepest healing. The wisdom gained through recovery cannot be acquired through any other means. This transformation process turns what could destroy you into what ultimately defines your strength.

회복의 심오한 연금술은 고통을 의미 있는 성장으로 전환합니다. 고통 속에서 목적을 발견한 사람들은 종종 가장 깊은 치유를 경험합니다. 회복을 통해 얻는 지혜는 그 어떤 방식으로도 얻을 수 없습니다. 이 변화 과정은 당신을 무너뜨릴 수 있었던 것을 결국 당신의 강점을 정의하는 것으로 바꿉니다.

_____

_____

_____

_____

_____

_____

_____

_____

_____

32. DATE. 20 . . .

True recovery doesn't happen overnight; it's a journey of small victories that gradually restore your strength.

진정한 회복은 하룻밤 사이에 일어나지 않는다. 그것은 조금씩 힘을 되찾게 해 주는 작은 승리들의 여정이다.

___

___

___

Vocabulary

recovery	physical recovery
n. 회복, 복구	신체적 회복
overnight	happen overnight
ad. 하룻밤 사이에, 갑자기	하룻밤 사이에 일어나다
gradually	gradually improve
ad. 점진적으로, 서서히	점진적으로 향상되다
restore	restore balance
v. 회복시키다, 복원하다	균형을 회복시키다
disappointment	face disappointment
n. 실망, 낙담	실망을 맞닥뜨리다
insignificant	insignificant detail
a. 중요하지 않은, 사소한	사소한 세부사항
sustainably	sustainably manage
ad. 지속 가능하게, 유지 가능하게	지속 가능하게 관리하다

Expecting recovery to happen overnight often leads to disappointment and setbacks. The journey toward healing is made up of small victories that might seem insignificant at first. Those who gradually rebuild find their strength returns more completely and sustainably. Restoration occurs step by step, as each small achievement builds upon the previous one.

회복이 하룻밤 사이에 일어나기를 기대하는 것은 종종 실망과 좌절로 이어집니다. 치유를 향한 여정은 처음에는 사소해 보일 수 있는 작은 승리들로 이루어집니다. 점차 자신을 재건해 나가는 사람들은 자신의 힘이 더 완전하고 지속 가능하게 되돌아온다는 것을 발견합니다. 회복은 각각의 작은 성취가 이전의 것을 기반으로 쌓이며 한 단계씩 이루어집니다.

_____

_____

_____

_____

_____

_____

_____

_____

33. DATE. 20 . . .

Recovery begins the moment you decide that your wounds will transform you rather than defeat you.

회복은 당신의 상처가 당신을 패배시키게 두기보다 변화시키도록 하겠다고 결정하는 바로 그 순간에 시작된다.

_____

_____

_____

Vocabulary

recovery	successful recovery
n. 회복, 복구	성공적인 회복
wound	deep wound
n. 상처, 부상	깊은 상처
transform	transform lives
v. 변화시키다, 변형시키다	삶을 변화시키다
defeat	defeat purpose
v. 패배시키다, 이기다	목적을 좌절시키다
decisive	decisive moment
a. 결정적인, 단호한	결정적인 순간
stagnate	economy stagnates
v. 정체되다, 침체되다	경제가 침체되다
transformative	transformative experience
a. 변화시키는, 혁신적인	변화시키는 경험

Your mindset is the decisive factor in whether healing begins or stagnates. The attitude you adopt toward your difficulties shapes your entire recovery journey. Those who make this transformative decision find strength they never knew they possessed. Recovery starts not when the pain ends, but when you decide to grow through it.

당신의 사고방식은 치유가 시작될지 정체될지를 결정하는 결정적 요소입니다. 당신이 어려움을 대하는 태도가 회복의 전체 여정을 형성합니다. 이러한 변화를 택하는 사람들은 이전에 알지 못했던 자신 안의 힘을 발견합니다. 회복은 고통이 끝날 때 시작되는 것이 아니라, 그 고통을 통해 성장하기로 당신이 결심하는 순간에 시작됩니다.

34. DATE. 20 . . .

Recovery isn't about forgetting the storm; it's about learning to dance in the rain.

회복은 폭풍을 잊는 것이 아니라, 비 속에서도 춤추는 법을 배우는 것이다.

___

___

___

Vocabulary

recovery	complete recovery
n. 회복, 복구	완전한 회복
storm	weather the storm
n. 폭풍, 폭풍우	폭풍을 견디다
adapt	adapt quickly
v. 적응하다, 맞추다	빠르게 적응하다
circumstance	difficult circumstance
n. 상황, 환경	어려운 상황
thrive	thrive under pressure
v. 번성하다, 잘 자라다	압박 속에서 번성하다
demonstrate	demonstrate ability
v. 보여주다, 증명하다	능력을 보여주다
despite	succeed despite odds
~에도 불구하고	어려움에도 불구하고 성공하다

True recovery involves adapting to new circumstances rather than waiting for ideal conditions. Those who learn to thrive amid difficulty develop resilience that serves them throughout life. The ability to dance in the rain demonstrates strength that mere survival does not. Recovery isn't about escaping the storms of life but finding joy despite them.

진정한 회복은 이상적인 조건을 기다리는 것이 아니라, 새로운 상황에 적응하는 것을 포함합니다. 어려움 속에서도 잘 살아가는 법을 배우는 사람들은 평생에 걸쳐 도움이 되는 회복력을 발전시킵니다. 빗속에서 춤출 수 있는 능력은 단순한 생존으로는 보여줄 수 없는 강인함을 증명합니다. 회복은 인생의 폭풍을 피하는 것이 아니라, 그 속에서도 기쁨을 찾는 것입니다.

---

35. DATE. 20 . . .

Recovery is the art of gathering scattered pieces of yourself and assembling something even more beautiful.

회복은 흩어진 자신의 조각들을 모아 더 아름다운 무언가로 다시 엮어내는 창조의 예술이다.

___

___

___

Vocabulary

scattered	scattered belongings
a. 흩어진, 산발적인	흩어진 소지품
assemble	assemble team
v. 조립하다, 모으다	팀을 모으다
creative	creative solution
a. 창의적인, 창조적인	창의적인 해결책
reshape	reshape policy
v. 재형성하다, 변형시키다	정책을 재형성하다
identity	cultural identity
n. 정체성, 신원	문화적 정체성
compassion	show compassion
n. 연민, 동정심	연민을 보여주다
meaningful	meaningful relationship
a. 의미 있는, 중요한	의미 있는 관계

The creative process of recovery allows you to reshape your identity after difficulty. Gathering the scattered pieces requires patience and self-compassion. Those who assemble themselves anew often discover unexpected beauty in the process. Recovery isn't just about fixing what broke but creating something more meaningful from the experience.

회복의 창조적 과정은 어려움을 겪은 후 당신이 자신의 정체성을 다시 빚어갈 수 있게 해줍니다. 흩어진 조각들을 모으는 데는 인내심과 자기 연민이 필요합니다. 자신을 새롭게 조립하는 사람들은 종종 그 과정 속에서 예상치 못한 아름다움을 발견합니다. 회복은 단지 부서진 것을 고치는 것이 아니라, 그 경험으로부터 더 의미 있는 무언가를 만들어내는 것입니다.

---

36. DATE. 20 . . .

In recovery, every step backward may prepare you for two steps forward.

회복의 과정에서 한 걸음 뒤로 물러섬은 두 걸음 앞으로 나아가기 위한 준비일 수 있다.

Vocabulary

prepare	prepare thoroughly
v. 준비하다, 대비하다	철저히 준비하다
regression	temporary regression
n. 퇴행, 후퇴	일시적인 퇴행
fluctuation	price fluctuation
n. 변동, 기복	가격 변동
maintain	maintain balance
v. 유지하다, 지속하다	균형을 유지하다
recognize	recognize symptoms
v. 인식하다, 알아보다	증상을 인식하다
momentum	gain momentum
n. 탄력, 추진력	탄력을 얻다
movement	smooth movement
n. 움직임, 운동	부드러운 움직임

Setbacks in recovery often follow a pattern of progress followed by temporary regression. Understanding these natural fluctuations helps maintain perspective during difficult times. Those who recognize that backward steps are part of the process maintain their momentum. Recovery rarely follows a straight line but rather a path of forward and backward movements that ultimately lead to healing.

회복 과정에서의 좌절은 종종 진전 다음에 일시적인 후퇴가 뒤따르는 패턴을 따릅니다. 이러한 자연스러운 변동을 이해하는 것은 어려운 시기에 올바른 관점을 유지하는 데 도움이 됩니다. 뒤로 가는 걸음도 과정의 일부임을 인식하는 사람은 자신의 추진력을 유지합니다. 회복은 거의 직선 경로를 따르지 않으며, 오히려 앞으로 나아감과 뒤로 물러섬이 반복되는 움직임 속에서 궁극적으로 치유에 이르게 됩니다.

---

37. DATE. 20 . . .

Recovery reminds us that our deepest wounds often become the source of our greatest strength.

회복은 우리의 가장 깊은 상처가 종종 가장 큰 힘으로 바뀐다는 사실을 일깨워 준다.

_____

_____

_____

Vocabulary

remind	remind colleagues
v. 상기시키다, 일깨우다	동료들에게 상기시키다
source	reliable source
n. 원천, 출처	신뢰할 수 있는 출처
adversity	face adversity
n. 역경, 고난	역경에 직면하다
empathy	show empathy
n. 공감, 감정이입	공감을 보여주다
emerge	emerge victorious
v. 나타나다, 부상하다	승리자로 나타나다
precisely	precisely measured
ad. 정확히, 바로	정확히 측정된
doorway	open doorway
n. 출입구, 문간	열린 출입구

Those who recover from adversity often develop empathy that connects them deeply to others. Your greatest strength may emerge precisely from the place of your deepest wounding. The source of past pain can transform into the foundation of future resilience. Recovery reveals that wounds can become doorways to unexpected gifts and capabilities.

역경에서 회복한 사람들은 종종 자신을 다른 이들과 깊이 연결해 주는 공감을 발달시킵니다. 당신의 가장 큰 힘은 바로 당신의 가장 깊은 상처의 자리에서 나타날 수도 있습니다. 과거 고통의 원천은 미래 회복력의 토대로 바뀔 수 있습니다. 회복은 상처가 예상치 못한 선물과 능력으로 통하는 문이 될 수 있음을 보여줍니다.

---

38. DATE. 20 . . .

Recovery doesn't erase the scars; it transforms them into symbols of your resilience.

회복은 흉터를 지우지 않는다. 그것은 흉터를 당신의 회복력을 보여 주는 상징으로 바꾼다.

Vocabulary

scar	emotional scar
n. 흉터	정서적 흉터
resilience	build resilience
n. 회복력	회복력을 구축하다
evidence	provide evidence
n. 증거	증거를 제공하다
narrative	personal narrative
n. 서사	개인적 서사
testament	living testament
n. 증거	살아있는 증거
relationship	transform relationship
n. 관계	관계를 변화시키다
significance	new significance
n. 의미	새로운 의미

Scars become evidence of battles fought and overcome through the recovery process. The narrative you create around your scars will shape their meaning in your life story. Those who transform their scars into testaments of strength change their relationship with past pain. Recovery doesn't remove all traces of difficulty but gives them new significance.

흉터는 회복 과정을 통해 싸우고 극복한 싸움의 증거가 됩니다. 당신이 그 흉터에 대해 어떤 이야기를 만들어 내느냐가 그것이 당신 인생에서 어떤 의미를 가지게 될지를 결정합니다. 자신의 흉터를 강인함의 증언으로 바꾸는 사람은 과거 고통과의 관계 자체를 변화시킵니다. 회복은 어려움의 모든 흔적을 없애지는 않지만, 그것들에게 새로운 의미를 부여합니다.

---

39. DATE. 20 . . .

Recovery is the gradual process of reclaiming not just who you were, but who you were always meant to become.

회복은 단지 과거의 당신을 되찾는 것이 아니라, 당신이 원래 되어야 했던 사람을 향해 나아가는 점진적인 여정이다.

___

___

___

Vocabulary

reclaim	reclaim territory
v. 되찾다, 회수하다	영토를 되찾다
authentic	authentic voice
a. 진정한, 진짜의	진정한 목소리
exceed	exceed expectations
v. 초과하다, 능가하다	기대를 초과하다
limitation	overcome limitation
n. 한계, 제한	한계를 극복하다
aspect	important aspect
n. 측면, 양상	중요한 측면
undiscovered	undiscovered talent
a. 발견되지 않은, 알려지지 않은	발견되지 않은 재능
navigate	navigate crisis
v. 항해하다, 헤쳐나가다	위기를 헤쳐나가다

The authentic self often emerges more clearly through the recovery process. Those who reclaim their potential after difficulty often exceed their previous limitations. Recovery allows you to connect with aspects of yourself that were previously undiscovered. The person you were meant to become sometimes only emerges after navigating significant challenges.

진정한 자아는 종종 회복의 과정을 통해 더 명확히 드러납니다. 어려움 이후에 자신의 잠재력을 되찾은 사람들은 종종 이전의 한계를 넘어섭니다. 회복은 당신이 이전에는 알지 못했던 당신 자신의 측면들과 연결할 수 있게 해줍니다. 당신이 되기로 되어 있던 사람은 때때로 중대한 도전을 헤쳐나간 후에야 나타납니다.

_____

_____

_____

_____

_____

_____

_____

_____

40. DATE. 20 . . .

Recovery is not weakness; it's the courage to rebuild yourself when life has broken you.

회복은 약함이 아니다. 그것은 인생이 당신을 무너뜨렸을 때, 다시 자신을 일으켜 세우는 용기다.

___

___

___

Vocabulary

courage	moral courage
n. 용기, 담력	도덕적 용기
rebuild	rebuild lives
v. 재건하다, 다시 짓다	삶을 재건하다
embrace	embrace change
v. 포용하다, 받아들이다	변화를 받아들이다
vulnerability	show vulnerability
n. 취약성, 약점	취약성을 보여주다
tremendous	tremendous effort
a. 엄청난, 굉장한	엄청난 노력
bravery	show bravery
n. 용감함, 용기	용감함을 보여주다
devastation	complete devastation
n. 황폐화, 파괴	완전한 파괴

True strength lies in the courage to embrace vulnerability during recovery. The process of rebuilding after being broken requires tremendous bravery. Those who understand recovery recognize it as a sign of resilience, not weakness. Some of life's greatest displays of strength come through the journey of healing from devastation.

진정한 강함은 회복 중에 자신의 취약함을 받아들이는 용기 속에 존재합니다. 무너진 후 자신을 다시 세우는 과정은 엄청난 용기를 요구합니다. 회복을 이해하는 사람은 그것을 약함이 아닌 회복력의 표시로 인식합니다. 인생에서 드러나는 가장 위대한 강함의 표현 중 일부는 파괴로부터 회복되는 여정에서 비롯됩니다.

_____

_____

_____

_____

_____

_____

_____

_____

41. DATE. 20 . . .

Resilience is not the absence of pain but the ability to recover with clarity, courage, and consistency.

회복력은 고통의 부재가 아니라, 명확함, 용기, 그리고 일관성으로 회복할 수 있는 능력이다.

___

___

___

Vocabulary

absence	absence of fear
n. 부재	두려움의 부재
recover	recover strength
v. 회복하다	힘을 회복하다
clarity	mental clarity
n. 명확성	정신적 명확성
courage	gather courage
n. 용기	용기를 모으다
consistency	maintain consistency
n. 일관성	일관성을 유지하다
adapt	adapt quickly
v. 적응하다	빠르게 적응하다
shape	shape a child's personality
v. 형성하다	아이의 성격을 형성하다

Real resilience begins when you face pain instead of avoiding it. You rebuild your strength with clarity and courage. Consistency in effort helps you recover faster and more deeply. Your ability to adapt is what shapes your future strength.

진정한 회복력은 고통을 피하지 않고 직면할 때 시작됩니다. 당신은 명확함과 용기로 다시 힘을 쌓습니다. 노력의 일관성은 더 빠르고 깊은 회복을 가능하게 합니다. 빠르게 적응할 수 있는 능력이 당신의 미래 강인함을 형성합니다.

---

42. DATE. 20 . . .

Recovery teaches patience; the strongest trees grow slowly but their roots run deep.

회복은 인내를 가르친다. 가장 강한 나무는 천천히 자라지만, 그 뿌리는 깊이 내려간다.

Vocabulary

patience	practice patience
n. 인내, 참을성	인내를 실천하다
root	deep root
n. 뿌리, 근원	깊은 뿌리
genuine	genuine concern
a. 진짜의, 진정한	진정한 관심
foundation	solid foundation
n. 기초, 토대	견고한 기초
withstand	withstand pressure
v. 견디다, 저항하다	압력을 견디다
restoration	complete restoration
n. 복원, 회복	완전한 복원
measured	measured response
a. 측정된, 신중한	신중한 반응

The slowness of genuine recovery builds foundations that withstand future storms. Those with deep roots of resilience remain standing when others fall. Patience during the healing process allows for more complete restoration. Recovery is not measured by speed but by the depth and strength it creates.

진정한 회복의 느린 속도는 앞으로 닥칠 폭풍을 견딜 수 있는 기초를 만듭니다. 강인함의 깊은 뿌리를 가진 사람들은 다른 이들이 쓰러질 때에도 서 있을 수 있습니다. 치유 과정에서 인내심을 갖는 것은 더 완전한 회복을 가능하게 해줍니다. 회복은 그 속도가 아니라, 그것이 만들어내는 깊이와 힘으로 평가됩니다.

___

___

___

___

___

___

___

___

___

43. DATE. 20 . . .

Recovery doesn't mean returning to who you were—it means becoming someone stronger than before.

회복은 예전의 나로 돌아가는 것이 아니라, 이전보다 더 강한 사람이 되는 것을 의미한다.

Vocabulary

recovery	complete recovery
n. 회복	완전한 회복
redefine	redefine goals
v. 재정의하다	목표를 재정의하다
emotionally	respond emotionally
adv. 감정적으로	감정적으로 반응하다
evolve	evolve gradually
v. 진화하다	점진적으로 진화하다
setback	overcome setback
n. 좌절	좌절을 극복하다
identity	cultural identity
n. 정체성	문화적 정체성
strength	build strength
n. 힘	힘을 기르다

Recovery is a chance to redefine who you are. You don't have to return to the same place emotionally. Instead, you evolve with new lessons and strength. Each setback helps you shape a better identity.

회복은 당신이 누구인지 다시 정의할 수 있는 기회입니다. 감정적으로 예전과 똑같은 상태로 돌아갈 필요는 없습니다. 대신, 당신은 새로운 교훈과 강인함으로 진화합니다. 각 좌절은 더 나은 정체성을 형성하는 데 도움을 줍니다.

_____

_____

_____

_____

_____

_____

_____

_____

_____

44. DATE. 20 . . .

True recovery isn't just surviving the storm, but learning to thrive because of what the storm taught you.

진정한 회복은 단지 폭풍을 견뎌내는 것이 아니라, 그 폭풍이 가르쳐준 교훈 덕분에 더 잘 살아가는 법을 배우는 것이다.

Vocabulary

survive	survive disaster
v. 살아남다, 생존하다	재난에서 살아남다
thrive	thrive in business
v. 번영하다, 잘 자라다	사업에서 번영하다
catalyst	act as catalyst
n. 촉매, 원동력	촉매 역할을 하다
extract	extract meaning
v. 추출하다, 끌어내다	의미를 추출하다
unchanged	remain unchanged
a. 변하지 않은, 그대로인	그대로 남다
endure	endure hardship
v. 견디다, 인내하다	어려움을 견디다
propel	propel career
v. 추진하다, 밀어내다	경력을 추진하다

Challenges become catalysts for growth when we extract their lessons. Those who merely survive remain unchanged, while those who truly recover transform. Learning to thrive after difficulty creates resilience that serves you in future storms. Recovery turns what could have been merely endured into something that propels you forward.

우리가 도전에서 교훈을 끌어낼 때, 그것은 성장의 촉매가 됩니다. 단지 살아남은 사람은 변하지 않지만, 진정으로 회복한 사람은 변화합니다. 어려움 이후에 다시 번영하는 법을 배우는 것은 앞으로 닥칠 폭풍 속에서도 당신을 지켜줄 회복력을 만들어 줍니다. 회복은 그저 견디는 데 머물렀을 수도 있는 것을, 당신을 앞으로 나아가게 하는 것으로 바꿉니다.

---

45. DATE. 20 . . .

Recovery isn't just about healing what hurts, but discovering what helps you grow stronger.

회복은 단지 아픈 것을 치유하는 데 그치지 않고, 당신을 더 강하게 만드는 것을 발견하는 여정이다.

Vocabulary

discover	discover solution
v. 발견하다, 찾아내다	해결책을 발견하다
reveal	reveal truth
v. 드러내다, 보여주다	진실을 드러내다
internal	internal structure
a. 내부의, 내적인	내부 구조
resource	valuable resource
n. 자원, 자산	가치 있는 자원
nurture	nurture talent
v. 양육하다, 육성하다	재능을 육성하다
develop	develop skill
v. 개발하다, 발전시키다	기술을 발전시키다
relieve	relieve pain
v. 완화하다, 경감하다	통증을 완화하다

The process of recovery reveals internal resources you may not have known existed. Discovering what nurtures your growth becomes as important as healing what hurts. Those who focus only on pain miss the opportunity to develop new strengths. Recovery involves actively seeking what helps you thrive, not just what relieves suffering.

회복의 과정은 당신도 몰랐던 내면의 자원을 드러냅니다. 무엇이 당신의 성장을 북돋는지를 알아내는 일은, 상처를 치유하는 것만큼 중요해집니다. 고통에만 집중하는 사람은 새로운 강점을 기를 기회를 놓치게 됩니다. 회복은 단순히 고통을 덜어내는 것을 넘어서, 당신이 번영할 수 있도록 돕는 것을 적극적으로 찾아가는 여정입니다.

_____

_____

_____

_____

_____

_____

_____

_____

46. DATE. 20   .   .   .

Recovery reminds us that some things must break apart completely before they can be rebuilt stronger.

회복은 어떤 것들은 더 강하게 다시 세워지기 위해 먼저 완전히 무너져야 한다는 것을 일깨워 준다.

___

___

___

Vocabulary

remind	remind colleague
v. 상기시키다, 일깨우다	동료에게 상기시키다
demolition	complete demolition
n. 철거, 파괴	완전한 철거
establish	establish connection
v. 설립하다, 구축하다	연결을 구축하다
emerge	emerge from the shadows
v. 나타나다, 출현하다	그림자에서 나타나다
principle	guiding principle
n. 원칙, 원리	지도 원칙
deconstruction	critical deconstruction
n. 해체, 분해	비판적 해체
reconstruction	historical reconstruction
n. 재건, 복구	역사적 재건

Sometimes complete demolition is necessary before a stronger foundation can be established. The breaking apart process creates space for something entirely new to emerge. Those who understand this principle accept that some loss is necessary for greater gain. Recovery often follows a pattern of deconstruction before reconstruction takes place.

때로는 더 튼튼한 기반을 세우기 위해 완전한 붕괴가 필요할 때가 있습니다. 무너짐의 과정은 전혀 새로운 것이 나타날 수 있는 공간을 만들어 줍니다. 이 원리를 이해하는 사람은 더 큰 성장을 위해 어떤 상실은 불가피하다는 사실을 받아들입니다. 회복은 종종 재건에 앞서 해체의 과정을 먼저 겪습니다.

_____

_____

_____

_____

_____

_____

_____

_____

47. DATE. 20   .   .   .

Recovery teaches that your worth isn't determined by your wounds but by how you heal and grow through them.

회복은 당신의 가치가 상처 그 자체가 아니라, 그것을 통해 어떻게 치유하고 성장해 나가는지에 달려 있다는 것을 가르쳐 준다.

_____

_____

_____

Vocabulary

determine	determine outcome
v. 결정하다, 확정하다	결과를 결정하다
wound	heal wound
n. 상처, 부상	상처를 치유하다
identity	form identity
n. 정체성, 신원	정체성을 형성하다
respond	respond appropriately
v. 반응하다, 대응하다	적절히 반응하다
circumstance	difficult circumstance
n. 상황, 환경	어려운 상황
authentic	authentic voice
a. 진정한, 진짜의	진정한 목소리
fundamental	fundamental principle
a. 근본적인, 기본적인	근본적인 원칙

Your identity is shaped more by how you respond to wounds than by the wounds themselves. Those who determine their own worth find strength beyond their circumstances. The journey through healing often reveals qualities that define you more authentically than suffering. Recovery teaches that wounds are events that happen to you, not who you fundamentally are.

당신의 정체성은 상처 그 자체보다, 상처에 어떻게 반응하느냐에 의해 더 많이 형성됩니다. 자신의 가치를 스스로 결정하는 사람은 자신의 상황을 넘어서는 힘을 발견합니다. 치유를 통한 여정은 고통보다도 당신을 더 진정성 있게 정의하는 자질을 종종 드러냅니다. 회복은 상처란 당신에게 일어난 사건이지, 당신의 본질은 아니라는 것을 가르쳐 줍니다.

_____

_____

_____

_____

_____

_____

_____

48. DATE. 20 . . .

In recovery, you don't have to see the entire path ahead; you just need courage for the next step.

회복의 길에서는 전체 여정을 미리 알 필요는 없다. 당신에게 필요한 건 단지 다음 한 걸음을 내딛을 용기뿐이다.

___

___

___

Vocabulary

entire	entire system
a. 전체의, 완전한	전체 시스템
path	clear path
n. 길, 경로	명확한 길
courage	moral courage
n. 용기, 담력	도덕적 용기
overwhelming	overwhelming evidence
a. 압도적인, 감당하기 어려운	압도적인 증거
progress	progress steadily
v. 진전하다, 발전하다	꾸준히 진전하다
outcome	positive outcome
n. 결과, 성과	긍정적인 결과
uncertainty	face uncertainty
n. 불확실성, 불확실함	불확실성에 직면하다

Attempting to see the entire recovery journey can feel overwhelming at first. Those who focus on just the next step find the path becomes clearer as they progress. Courage isn't about knowing all outcomes but about moving forward despite uncertainty. Recovery happens one step at a time, not in a single transformative moment.

회복의 여정을 처음부터 전부 내려다보려 하면 처음에는 압도될 수 있습니다. 그러나 단지 다음 한 걸음에 집중하는 사람들은, 걸어갈수록 길이 점점 더 분명해진다는 것을 발견합니다. 용기란 모든 결과를 아는 것이 아니라, 불확실함 속에서도 앞으로 나아가는 것입니다. 회복은 단번에 이루어지는 변화가 아니라, 한 걸음씩 이루어지는 과정입니다.

_____

_____

_____

_____

_____

_____

_____

_____

49. DATE. 20 . . .

Recovery is where resilience meets reinvention—discovering not just who you were, but who you can become.

회복은 회복력과 재창조가 만나는 지점이다—과거의 나뿐 아니라, 내가 될 수 있는 나를 발견하는 순간이다.

_____

_____

_____

Vocabulary

resilience	build resilience
n. 회복력	회복력을 구축하다
reinvention	personal reinvention
n. 재창조	개인적 재창조
transformation	undergo transformation
n. 변화	변화를 겪다
restoration	complete restoration
n. 복원	완전한 복원
healing	emotional healing
n. 치유	감정적 치유
challenge	face challenge
n. 도전	도전에 직면하다
embrace	embrace change
v. 받아들이다	변화를 받아들이다

Recovery offers a unique opportunity for transformation beyond mere restoration. The process of healing opens possibilities that weren't visible before the challenge. Those who embrace both resilience and reinvention discover new aspects of themselves. Recovery at its best doesn't just heal wounds but expands who you can become.

회복은 단순한 복원을 넘어서 변화를 위한 독특한 기회를 제공합니다. 치유의 과정은 도전 이전에는 보이지 않았던 가능성을 열어 줍니다. 회복력과 자기 재창조를 함께 수용하는 사람들은 자기 안의 새로운 면모를 발견합니다. 최상의 회복은 상처를 치유하는 데 그치지 않고, 당신이 될 수 있는 존재를 확장합니다.

_____

_____

_____

_____

_____

_____

_____

_____

50. DATE. 20   .   .   .

Resilience is the silent strength that whispers "try again" when the world shouts "give up."

회복탄력성은 세상이 "포기하라"고 외칠 때 "다시 시도해보라"고 속삭이는 조용한 힘이다.

Vocabulary

silent	silent strength
a. 조용한, 무언의	조용한 힘
strength	build strength
n. 힘, 강함	힘을 기르다
whisper	whisper encouragement
v. 속삭이다	격려를 속삭이다
give up	give up hope
v. 포기하다	희망을 포기하다
persist	persist with effort
v. 지속하다	노력을 계속하다
falter	falter in confidence
v. 주저하다	자신감이 흔들리다
capacity	mental capacity
n. 수용력, 능력	정신적 능력

When doubt overwhelms, resilience whispers gentle guidance toward persistence. This quiet strength shows itself through small, consistent acts of courage rather than dramatic gestures. Those who listen to this inner voice persist when others falter. The most powerful force is often the quietest—the voice that never stops believing in your capacity to grow.

의심에 압도될 때, 회복력이 포기하지 말라고 부드럽게 속삭여줍니다. 이 조용한 힘은 극적인 몸짓보다는 작고 일관된 용기의 행동으로 나타납니다. 이 내면의 목소리를 듣는 사람들은 다른 이들이 주저할 때도 계속 나아갑니다. 가장 강력한 힘은 종종 가장 조용한 것—당신의 성장 능력을 결코 의심하지 않는 목소리입니다.

PART. 3

근 성

GRIT

*GRIT은 미국의 심리학자 앤젤라 더크워스(Angela Duckworth)가 제시한 개념으로, "장기적인 목표를 향한 열정(Passion)"과 "어려움과 실패에도 불구하고 지속하는 인내력(Perseverance)"을 의미합니다.

Adversity comes to everyone.

When facing difficulties,

the unwavering willpower and grit

form a solid foundation for success.

역경은 누구에게나 찾아옵니다.

어려움에 직면했을 때

굴하지 않는 의지와 근성이

성공의 단단한 기반을 세웁니다.

51. DATE. 20 . . .

Grit isn't about never falling; it's about rising every time you fall, with the determination to try again.

근성은 넘어지지 않는 것이 아니라, 넘어질 때마다 다시 시도하겠다는 결단력으로 다시 일어서는 것이다.

___

___

___

Vocabulary

grit	demonstrate grit
n. 근성, 끈기, 굳은 의지	근성을 보여주다
determination	show determination
n. 결단력, 의지	결단력을 보여주다
resilience	build resilience
n. 회복력, 탄력성	회복력을 기르다
consistent	consistent effort
a. 일관된, 꾸준한	일관된 노력
distinguish	distinguish difference
v. 구별하다, 구분하다	차이를 구별하다
character	build character
n. 성격, 인격	인격을 형성하다
persistent	persistent attempt
a. 지속적인, 끈질긴	끈질긴 시도

Resilience is built through the consistent practice of rising after failure. The determination to try again distinguishes those with true grit from those who give up. Every time you rise after falling, you strengthen both your character and your capability. Grit doesn't require perfection but rather the persistent effort to improve despite setbacks.

회복력은 실패 후 다시 일어서는 꾸준한 실천을 통해 길러집니다. 다시 시도하려는 결단력은 진정한 근성을 가진 사람과 포기하는 사람을 구분 짓습니다. 넘어질 때마다 다시 일어날 때, 당신은 인격과 역량 모두를 더욱 단단히 키워갑니다. 근성이란 완벽함을 요구하지 않으며, 좌절 속에서도 끊임없이 나아지려는 지속적인 노력을 의미합니다.

---

52. DATE. 20 . . .

Grit is choosing long-term achievement over short-term comfort, day after day.

근성이란 매일같이 단기적인 편안함보다 장기적인 성취를 선택하는 것이다.

Vocabulary

achievement	remarkable achievement
n. 성취, 업적	주목할 만한 성취
consistency	maintain consistency
n. 일관성, 꾸준함	일관성을 유지하다
extraordinary	extraordinary result
a. 비범한, 특별한	비범한 결과
prioritize	prioritize task
v. 우선시하다, 우선순위를 정하다	업무에 우선순위를 정하다
momentum	build momentum
n. 탄력, 추진력	탄력을 얻다
discomfort	temporary discomfort
n. 불편함, 불쾌감	일시적인 불편함
accumulate	accumulate knowledge
v. 축적하다, 모으다	지식을 축적하다

Consistency in choosing achievement over comfort builds extraordinary results over time. The daily practice of prioritizing long-term goals creates momentum toward success. Those with true grit understand that momentary discomfort is the price of lasting accomplishment. Day after day, small choices accumulate into life-changing outcomes.

편안함보다 성취를 선택하는 일관성은 시간이 지남에 따라 비범한 결과를 만들어냅니다. 장기적인 목표를 우선시하는 매일의 실천은 성공을 향한 추진력을 형성합니다. 진정한 근성을 가진 사람들은 순간적인 불편함이 지속적인 성취의 대가임을 이해합니다. 하루하루의 작은 선택들이 축적되어 인생을 바꾸는 결과를 만들어냅니다.

53. DATE. 20 . . .

Grit transforms obstacles from roadblocks into stepping stones on your path to mastery.

근성은 장애물을, 숙달을 향한 길 위의 디딤돌로 바꾸는 힘이다.

_____

_____

_____

Vocabulary

transform	transform society
v. 변화시키다, 변형시키다	사회를 변화시키다
obstacle	overcome obstacle
n. 장애물, 방해물	장애물을 극복하다
roadblock	remove roadblock
n. 장애물, 도로 차단	장애물을 제거하다
mastery	achieve mastery
n. 숙달, 통달	숙달을 달성하다
perceive	perceive difference
v. 인식하다, 지각하다	차이를 인식하다
determine	determine outcome
v. 결정하다, 좌우하다	결과를 결정하다
contribute	contribute significantly
v. 기여하다, 공헌하다	상당히 기여하다

How you perceive obstacles determines whether they defeat or develop you. Those with grit transform challenges into opportunities for growth and learning. The path to mastery is paved with obstacles that become stepping stones for the determined. Every roadblock contains valuable lessons that contribute to your ultimate success.

당신이 장애물을 어떻게 인식하느냐가, 그것이 당신을 좌절시키는지 아니면 성장시키는지를 결정합니다. 근성을 가진 사람은 도전을 성장과 학습의 기회로 전환합니다. 숙련에 이르는 길은 결단력 있는 이들에게는 디딤돌로 바뀌는 장애물들로 포장되어 있습니다. 모든 장애물에는 당신의 궁극적인 성공에 기여하는 소중한 교훈이 담겨 있습니다.

_____

_____

_____

_____

_____

_____

_____

54. DATE. 20 . . .

Grit is the quiet voice inside that says 'one more try' when everyone else has given up.

근성이란 모두가 포기한 순간에도 '한 번 더 해보자'고 속삭이는 조용한 내면의 목소리다.

Vocabulary

quiet	quiet atmosphere
a. 조용한, 고요한	조용한 분위기
perseverance	show perseverance
n. 인내, 끈기	인내를 보여주다
encouragement	provide encouragement
n. 격려, 용기	격려를 제공하다
overwhelming	overwhelming response
a. 압도적인, 감당하기 어려운	압도적인 반응
attempt	successful attempt
n. 시도, 노력	성공적인 시도
logical	logical explanation
a. 논리적인, 합리적인	논리적인 설명
essence	capture essence
n. 본질, 정수	본질을 포착하다

The inner voice of perseverance speaks most clearly when external encouragement disappears. Those with true grit listen to this quiet call to continue despite overwhelming evidence of failure. When everyone else sees impossibility, a person with grit sees one more attempt worth making. The decision to try again when logical reasons say to quit defines the essence of persistence.

외부의 격려가 사라질 때, 인내의 내면 목소리는 가장 또렷하게 들립니다. 진정한 근성을 지닌 사람은 실패를 입증하는 압도적인 증거 속에서도 계속 나아가라는 조용한 부름에 귀 기울입니다. 모두가 불가능만을 볼 때, 근성 있는 사람은 여전히 한 번 더 시도할 가치를 봅니다. 논리적으로는 포기해야 할 이유들이 있을 때도 다시 시도하기로 결정하는 것이 바로 끈기의 본질을 보여줍니다.

---

55. DATE. 20　.　.　.

Grit means staying committed to your goals when the initial excitement fades and the real work begins.

근성이란 초기의 흥분이 사라지고 실제 노력이 시작될 때에도 목표에 끝까지 전념하는 것이다.

Vocabulary

commit	commit fully
v. 전념하다, 헌신하다	완전히 전념하다
excitement	initial excitement
n. 흥분, 들뜸	초기의 흥분
fade	fade gradually
v. 사라지다, 희미해지다	점차 사라지다
emerge	emerge suddenly
v. 나타나다, 떠오르다	갑자기 나타나다
inspiration	find inspiration
n. 영감, 창의성	영감을 찾다
perspiration	require perspiration
n. 땀, 노력	노력을 필요로 하다
enthusiasm	show enthusiasm
n. 열정, 열의	열정을 보여주다

Real commitment is tested when initial excitement fades and challenges emerge. Those with grit stay focused on their goals through both inspiration and perspiration. The beginning of any worthy pursuit is marked by enthusiasm that eventually gives way to sustained effort. Grit reveals itself most clearly in the gap between excitement and achievement.

진정한 전념은 초기의 흥분이 식고 도전이 나타날 때 시험받습니다. 근성을 지닌 사람은 영감과 노력을 통해서 목표에 집중을 유지합니다. 어떤 가치 있는 도전이든 시작은 열의로 표시되지만, 결국 그것은 지속적인 노력으로 전환됩니다. 근성은 흥분과 성취 사이의 간극에서 가장 뚜렷하게 드러납니다.

56. DATE. 20 . . .

Grit isn't about talent; it's about outlasting your challenges with determination and consistent effort.

근성이란 재능이 아니라, 결단력과 일관된 노력으로 도전을 끝까지 이겨내는 힘이다.

Vocabulary

talent	natural talent
n. 재능, 능력	타고난 재능
outlast	outlast competitor
v. 더 오래 지속하다, 견뎌내다	경쟁자보다 더 오래 견디다
consistent	consistent approach
a. 일관된, 한결같은	일관된 접근법
persistence	show persistence
n. 끈기, 지속성	끈기를 보여주다
outperform	outperform expectation
v. 능가하다, 뛰어넘다	기대를 능가하다
dedication	complete dedication
n. 헌신, 전념	완전한 헌신
innate	innate ability
a. 타고난, 선천적인	타고난 능력

Talent provides a head start, but persistence determines who reaches the finish line. Those who demonstrate consistent effort often outperform those who have natural ability but show less dedication.. The challenges you face reveal the depth of your determination more than your innate gifts. Grit combines everyday effort with unwavering commitment to create extraordinary results.

재능은 출발선에서 약간의 우위를 줄 수 있지만, 결승선에 도달하는 사람을 결정하는 것은 끈기입니다. 꾸준한 노력을 보여주는 사람은 타고난 능력은 있지만 헌신이 부족한 사람보다 종종 더 뛰어난 성과를 냅니다. 당신이 마주하는 도전은, 타고난 재능보다 당신의 결단력의 깊이를 더 잘 드러냅니다. 근성이란 일상의 노력과 흔들림 없는 전념을 결합해 비범한 결과를 만들어내는 힘입니다.

---

57. DATE. 20 . . .

Grit means accepting failure as a lesson and adapting your strategy to achieve your vision, instead of surrendering to frustration.

근성이란 실패를 교훈으로 받아들이고, 좌절에 굴복하지 않고 전략을 조정하여 비전을 이루는 것이다.

_____

_____

_____

Vocabulary

grit	show grit
n. 근성, 끈기, 굳은 의지	투지를 보여주다
adapt	adapt strategy
v. 적응하다	전략을 적응시키다
strategy	effective strategy
n. 전략	효과적인 전략
vision	clear vision
n. 비전	명확한 비전
surrender	never surrender
v. 항복하다	절대 항복하지 않다
frustration	overcome frustration
n. 좌절	좌절을 극복하다
setback	temporary setback
n. 좌절	일시적인 좌절

Grit is about learning and growing from every failure. When you adapt your strategy, you become stronger and wiser. Frustration is natural, but surrendering stops your progress. By using each setback as a lesson, you move closer to your vision.

근성이란 모든 실패에서 배우고 성장하는 것입니다. 전략을 조정할 때, 당신은 더 강해지고 더 현명해집니다. 좌절은 자연스러운 일이지만, 굴복하는 순간 진전은 멈춥니다. 각각의 좌절을 교훈으로 활용할 때, 당신은 자신의 비전에 한 걸음 더 다가갑니다.

58. DATE. 20 . . .

With grit, you maintain focus on your goal and consistently invest effort, even when progress is slow and uncertainty surrounds you.

근성이 있으면 진전이 느리고 불확실성이 당신을 둘러싸도, 목표에 집중을 유지하며 꾸준히 노력을 투자한다.

Vocabulary

maintain	maintain focus
v. 유지하다	집중을 유지하다
focus	focus on your goal
n. 집중 / v. 집중하다	목표에 집중하다
consistently	consistently invest
ad. 꾸준히	꾸준히 투자하다
invest	invest effort
v. 투자하다	노력을 투자하다
progress	slow progress
n. 진전	느린 진전
uncertainty	uncertainty surrounds you
n. 불확실성	불확실성이 당신을 둘러싸다
surround	surround the house
v. 둘러싸다	집을 둘러싸다

Maintaining focus helps you avoid distractions and stay on your path. Consistent effort, even if it seems small, builds up over time. Progress may feel slow, but it is still movement forward. Eventually, your dedication will result in meaningful achievement.

집중을 유지하면 산만함을 피하고 당신의 길을 계속 갈 수 있습니다. 작아 보이는 노력이라도 꾸준히 이어지면 시간이 지나면서 쌓입니다. 진전이 느리게 느껴질 수 있지만, 그것 역시 앞으로 나아가는 움직임입니다. 결국, 당신의 전념은 의미 있는 성취로 이어질 것입니다.

---

59. DATE. 20 . . .

Grit is the courage to embrace discomfort as the price of growth and achievement.

근성이란 불편함을 성장과 성취를 위한 대가로 기꺼이 받아들이는 용기다.

___

___

___

___

Vocabulary

grit	demonstrate grit
n. 근성, 끈기, 굳은 의지	투지를 보여주다
courage	show courage
n. 용기	용기를 보여주다
embrace	embrace challenge
v. 받아들이다	도전을 받아들이다
discomfort	endure discomfort
n. 불편함	불편함을 견디다
achievement	remarkable achievement
n. 성취	놀라운 성취
transform	transform situation
v. 변화시키다	상황을 변화시키다
navigate	navigate difficulty
v. 헤쳐나가다	어려움을 헤쳐나가다

Growth requires willingness to leave your comfort zone and face temporary discomfort. Those with true grit understand that achievement always comes with a price worth paying. The courage to embrace difficult experiences transforms challenges into opportunities. Every significant achievement in life requires periods of discomfort that grit helps you navigate.

성장은 당신이 안락한 영역을 벗어나 일시적인 불편함에 직면하려는 의지를 요구합니다. 진정한 근성을 가진 사람은 성취에는 반드시 지불할 가치가 있는 대가가 따른다는 것을 이해합니다. 어려운 경험을 기꺼이 받아들이는 용기는 도전을 기회로 바꾸는 힘이 됩니다. 인생의 모든 의미 있는 성취는 불편한 시기를 동반하며, 근성은 그 시기를 헤쳐 나가도록 돕습니다.

---

60. DATE. 20 . . .

Grit is the strength to focus on your journey even when others can't see your vision.

근성이란 다른 사람들이 당신의 비전을 보지 못할 때조차 묵묵히 자신의 여정에 집중하는 힘이다.

___

___

___

Vocabulary

vision	clear vision
n. 비전, 통찰력	명확한 비전
conviction	true conviction
n. 확신, 신념	진정한 확신
pursue	pursue dreams
v. 추구하다, 쫓다	꿈을 추구하다
validation	external validation
n. 인정, 확인	외부의 인정
maintain	maintain direction
v. 유지하다, 지속하다	방향을 유지하다
comprehend	comprehend ideas
v. 이해하다, 파악하다	아이디어를 이해하다
achievement	greatest achievement
n. 성취, 업적	가장 위대한 성취

True conviction gives you strength to pursue your vision despite lack of external validation. Those with grit focus on their journey regardless of whether others understand or approve. The ability to maintain your direction when no one else sees your vision requires exceptional determination. Some of history's greatest achievements began with ideas others couldn't initially comprehend.

진정한 확신은 외부의 인정이 없더라도 자신의 비전을 추구할 수 있는 힘을 줍니다. 근성을 지닌 사람은 다른 이들이 이해하거나 승인하지 않더라도 자신의 여정에 집중합니다. 아무도 당신의 비전을 보지 못할 때에도 그 방향을 유지하는 능력은 탁월한 결단력을 요구합니다. 역사상 가장 위대한 성취들 중 일부는 다른 이들이 처음에는 전혀 이해하지 못했던 아이디어에서 시작되었습니다.

_____

_____

_____

_____

_____

_____

_____

61. DATE. 20 . . .

Grit isn't just working hard; it's working hard with purpose and passion through inevitable difficulties.

근성이란 단순히 열심히 일하는 것이 아니라, 불가피한 어려움 속에서도 목적과 열정을 가지고 일하는 것이다.

Vocabulary

purpose	meaningful purpose
n. 목적, 의도	의미 있는 목적
inevitable	nevitable difficulties
a. 불가피한, 피할 수 없는	불가피한 어려움
sustainable	sustainable power
a. 지속 가능한	지속 가능한 힘
perseverance	show perseverance
n. 인내, 끈기	인내를 보여주다
commitment	deep commitment
n. 헌신, 약속	깊은 헌신
align	align effort
v. 일치시키다, 정렬하다	노력을 일치시키다
resilience	create resilience
n. 회복력, 탄력성	회복력을 만들다

Hard work without direction lacks the sustainable power that comes from meaningful purpose. Those with true grit combine passion with perseverance through inevitable challenges. The difficulties you encounter test whether your commitment runs deep enough to endure. Grit means aligning effort with purpose to create resilience that withstands obstacles.

방향이 없는 노력은 의미 있는 목적에서 나오는 지속 가능한 힘을 갖지 못합니다. 진정한 근성을 지닌 사람은 불가피한 도전 속에서도 열정과 끈기를 결합합니다. 마주하는 어려움은 당신의 헌신이 충분히 깊어 끝까지 버틸 수 있는지를 시험합니다. 근성은 노력을 목적과 일치시켜 장애물을 견뎌낼 수 있는 회복력을 만드는 것을 의미합니다.

_____

_____

_____

_____

_____

_____

_____

62. DATE. 20 . . .

Grit isn't glamorous—it's showing up consistently when the work is difficult, tedious, or uncomfortable.

근성은 화려해 보이지 않는다―그것은 일이 어렵고, 지루하고, 불편할 때도 꾸준히 행동에 나서는 힘이다.

_____

_____

_____

Vocabulary

glamorous	glamorous success
a. 화려한, 매력적인	화려한 성공
consistently	work consistently
ad. 일관되게, 꾸준히	일관되게 일하다
tedious	tedious tasks
a. 지루한, 따분한	지루한 업무
mundane	mundane aspects
a. 평범한, 일상적	평범한 측면
embrace	embrace challenges
v. 받아들이다, 수용하다	도전을 받아들이다
unglamorous	unglamorous effort
a. 화려하지 않은, 소박한	화려하지 않은 노력
avoid	avoid tasks
v. 피하다, 회피하다	업무를 피하다

Excellence emerges from consistently showing up for the mundane aspects of achievement. Those with true grit embrace the tedious and uncomfortable parts of the journey. The most glamorous success stories are built on countless hours of unglamorous effort. Grit reveals itself most clearly in how you handle the difficult, boring, daily tasks that others avoid.

탁월함은 성취의 여정 속에서 평범한 측면에 꾸준히 임할 때 드러납니다. 진정한 근성을 지닌 사람은 여정의 지루하고 불편한 순간들마저 기꺼이 받아들입니다. 가장 화려한 성공 이야기들도 수많은 '화려하지 않은 노력' 위에 세워진 것입니다. 근성은 남들이 피하는 어렵고 지루한 업무를 어떻게 감당해내는지에서 가장 뚜렷하게 나타납니다.

63. DATE. 20 . . .

Grit means choosing discipline over distraction when working toward your most important goals.

근성이란 가장 중요한 목표를 향해 나아갈 때, 주의산만함보다 자기 절제력을 선택하는 것이다.

___

___

___

Vocabulary

discipline n. 훈련, 규율	maintain discipline 훈련을 유지하다
distraction n. 주의산만, 방해물	avoid distraction 주의산만을 피하다
achievers n. 성취자, 성공한 사람들	successful achievers 성공적인 성취자들
demonstrate v. 보여주다, 증명하다	demonstrate commitment 헌신을 보여주다
significant a. 중요한, 의미 있는	significant achievement 중요한 성취
priority n. 우선순위	set priorities 우선순위를 정하다
temptation n. 유혹, 충동	resist temptation 유혹을 저항하다

The discipline to maintain focus separates achievers from dreamers in a distracted world. Those who demonstrate commitment to their most important goals resist the constant pull of easier activities. Working toward significant achievement requires choosing challenging work over comfortable distraction. Grit means making daily decisions that align with your priorities despite temptations.

집중을 유지하는 절제력은 산만한 세상 속에서 성취자와 몽상가를 구분 짓는 기준이 됩니다. 가장 중요한 목표에 전념하는 사람은 더 쉬운 유혹들을 꾸준히 저항합니다. 의미 있는 성취를 이루기 위해서는 편안한 산만함보다 도전적인 일을 택해야 합니다. 근성이란 유혹 속에서도 자신의 우선순위에 맞는 결정을 매일 실천해내는 힘입니다.

64. DATE. 20 . . .

Grit is the daily decision to pursue excellence rather than settling for 'good enough.'

근성은 '이만하면 충분하다'에 안주하기보다 탁월함을 추구하기로 매일 내리는 결정입니다.

___

___

___

Vocabulary

pursue	pursue excellence
v. 추구하다	탁월함을 추구하다
excellence	achieve excellence
n. 탁월함	탁월함을 성취하다
settle	settle for less
v. 만족하다	더 적은 것에 만족하다
distinguish	distinguish quality
v. 구별하다	품질을 구별하다
exceptional	exceptional performance
a. 뛰어난	뛰어난 성과
convenience	personal convenience
n. 편의	개인적 편의
extraordinary	extraordinary achievement
a. 비범한	비범한 성취

Maintaining high standards day after day distinguishes those with exceptional grit. The decision to pursue excellence rather than convenience builds extraordinary results over time. Those who refuse to settle for good enough push boundaries that others accept. Grit means holding yourself to higher standards even when no one else would notice the difference.

날마다 높은 기준을 유지하는 것은 탁월한 근성을 가진 사람을 구별합니다. 편리함보다 탁월함을 추구하기로 한 결정은 시간이 지나며 특별한 결과를 만들어냅니다. '충분히 괜찮다'에 만족하지 않는 사람은 다른 이들이 받아들이는 경계를 뛰어넘습니다. 근성이란 아무도 그 차이를 알아채지 못하더라도 자신에게 더 높은 기준을 요구하는 태도입니다.

---

65. DATE. 20   .   .   .

Grit is the courage to start again after failure with renewed determination rather than diminished hope.

근성은 줄어든 희망이 아니라 새로워진 결단력으로 실패 후에 다시 시작할 용기이다.

_____

_____

_____

Vocabulary

courage	show courage
n. 용기	용기를 보여주다
renewed	renewed energy
a. 새로운	새로운 에너지
determination	strong determination
n. 결의	강한 결의
diminish	diminish risk
v. 줄다, 줄이다	위험을 줄이다
resilience	build resilience
n. 회복력	회복력을 구축하다
unwavering	unwavering commitment
a. 흔들리지 않는	흔들리지 않는 헌신
disappointment	overcome disappointment
n. 실망	실망을 극복하다

Resilience grows through the courage to begin again with lessons learned from failure. Those with unwavering determination see setbacks as temporary rather than permanent defeats. The renewed effort that follows failure often contains greater wisdom than the initial attempt. Grit maintains hope through difficulty by focusing on possibilities rather than past disappointments.

회복력은 실패에서 얻은 교훈을 바탕으로 다시 시작하려는 용기를 통해 자라납니다. 흔들림 없는 결단력을 지닌 사람은 좌절을 영원한 패배가 아닌 일시적인 시련으로 받아들입니다. 실패 뒤에 이어지는 새로워진 노력은 종종 처음 시도보다 더 큰 지혜를 담고 있습니다. 근성이란 과거의 실망이 아니라 가능성에 집중함으로써, 어려움 속에서도 희망을 유지하게 해주는 힘입니다.

---

66. DATE. 20   .   .   .

Grit is the patience to build success brick by brick when there are no shortcuts to your destination.

근성은 당신의 목적지로 가는 지름길이 없을 때 한 번에 한 벽돌씩 성공을 쌓는 인내이다.

Vocabulary

patience	practice patience
n. 인내	인내를 연습하다
shortcut	take shortcut
n. 지름길	지름길을 택하다
destination	reach destination
n. 목적지	목적지에 도달하다
persistent	persistent effort
a. 끈질긴	끈질긴 노력
construct	construct an argument
v. 건설하다, 구성하다	논리를 구성하다
gradual	gradual progress
a. 점진적인	점진적인 발전
methodical	methodical approach
a. 체계적인	체계적인 접근법

Persistent effort builds lasting success when shortcuts don't exist. Those who patiently construct their achievements understand the value of gradual progress. The destination worth reaching usually requires methodical, brick-by-brick development. Grit embraces the slow, steady journey when instant results aren't possible.

지름길이 존재하지 않는 상황에서 지속적인 노력은 오래가는 성공을 만들어 냅니다. 인내심 있게 성취를 하나하나 쌓아 올리는 사람은 점진적인 성장의 가치를 이해합니다. 도달할 만한 목적지는 대개 벽돌을 쌓듯이 체계적이고 차근차근한 과정을 요구합니다. 근성이란 즉각적인 결과가 불가능할 때에도 느리고 꾸준한 여정을 기꺼이 받아들이는 자세입니다.

---

67. DATE. 20   .   .   .

Grit isn't just about withstanding difficulty; it's about maintaining enthusiasm despite prolonged challenges.

근성은 단순히 어려움을 견디는 것이 아니라, 오랜 도전 속에서도 열정을 잃지 않는 것이다.

Vocabulary

withstand	withstand pressure
v. 견디다, 저항하다	압박을 견디다
enthusiasm	maintain enthusiasm
n. 열정, 열의	열정을 유지하다
prolong	prolong the meeting
v. 연장하다, 지속시키다	회의를 연장하다
distinguish	distinguish leaders
v. 구별하다, 구분하다	리더들을 구별하다
endurance	build endurance
n. 인내력, 지구력	인내력을 기르다
momentum	create momentum
n. 탄력, 추진력	추진력을 만들다
propel	propel movement
v. 추진하다, 밀어내다	움직임을 추진하다

A positive attitude through prolonged challenges distinguishes true grit from mere endurance. Those who maintain enthusiasm despite difficulty create momentum that propels them forward. The ability to withstand challenges while preserving your passion creates sustainable success. Grit combines resilience with optimism to transform even lengthy struggles into meaningful journeys.

오랜 도전 속에서도 긍정적인 태도를 유지하는 것은 단순한 인내와 진정한 근성을 구분 짓습니다. 어려움 속에서도 열정을 잃지 않는 사람은 자신을 앞으로 밀어주는 추진력을 만들어냅니다. 열정을 지키며 도전을 견뎌내는 능력은 지속 가능한 성공으로 이어집니다. 근성이란 회복력에 낙관주의를 더해 긴 고난조차도 의미 있는 여정으로 바꾸는 힘입니다.

68. DATE. 20 . . .

Grit is the mental stamina to remain focused and determined when fatigue tempts you to quit.

근성은 피로가 당신을 포기하게 만들려 할 때에도 집중과 결단력을 유지하는 정신적 지구력이다.

___

___

___

Vocabulary

stamina	mental stamina
n. 지구력, 체력	정신적 지구력
fatigue	overcome fatigue
n. 피로, 피곤함	피로를 극복하다
tempt	tempt people
v. 유혹하다, 꾀다	사람들을 유혹하다
determine	determine outcome
v. 결정하다, 좌우하다	결과를 결정하다
exhaust	exhaust resources
v. 지치게 하다, 소진시키다	자원을 소진시키다
reservoir	deep reservoir
n. 저장소, 비축량	깊은 저장소
surrender	avoid surrender
n. 항복 / v. 항복하다	항복을 피하다

Mental stamina often determines success when physical and emotional fatigue set in. Those who remain focused despite exhaustion access deeper reservoirs of determination. The ability to resist the temptation to quit when tired distinguishes extraordinary achievers. Grit provides the mental strength to continue when your body and emotions signal surrender.

신체적·감정적 피로가 밀려올 때, 성공을 좌우하는 것은 바로 정신적 지구력입니다. 지쳐있는 상황에서도 집중력을 유지하는 사람들은 더 깊은 의지력의 원천에 접근할 수 있습니다. 피곤할 때 포기의 유혹을 이겨내는 능력은 비범한 성취자를 가르는 기준이 됩니다. 근성이란, 몸과 마음이 항복하라고 신호할 때에도 계속 나아가게 하는 정신적인 힘입니다.

_____

_____

_____

_____

_____

_____

_____

_____

69. DATE. 20 . . .

Grit means doing what others won't today so you can accomplish what others can't tomorrow.

근성이란 오늘 다른 사람들이 하지 않는 일을 함으로써, 내일 다른 사람들이 할 수 없는 것을 성취할 수 있게 되는 것을 의미한다.

_____

_____

_____

Vocabulary

accomplish	accomplish goals
v. 성취하다, 달성하다	목표를 성취하다
extraordinary	extraordinary results
a. 비범한, 특별한	특별한 결과
avoid	avoid difficulties
v. 피하다, 회피하다	어려움을 피하다
embrace	embrace challenges
v. 받아들이다, 수용하다	도전을 받아들이다
possibility	create possibility
n. 가능성, 실현성	가능성을 만들다
distinguish	distinguish achievers
v. 구별하다, 구분하다	성취자들을 구별하다
exceptional	exceptional performance
a. 뛰어난, 예외적인	뛰어난 성과

Extraordinary accomplishment requires making choices today that most people avoid. Those who embrace difficult work now create possibilities that others won't experience. The willingness to do what others won't distinguishes those who achieve exceptional results. Grit means making the harder choice today that leads to greater accomplishment tomorrow.

비범한 성취는 대부분의 사람들이 피하는 오늘의 선택에서 시작됩니다. 지금 어려운 일을 받아들이는 사람들은, 다른 사람들이 경험하지 못할 가능성을 만들어냅니다. 다른 사람들이 하지 않으려는 일을 하려는 의지는, 탁월한 성과를 이루는 사람들을 구분 짓습니다. 근성이란 내일 더 큰 성취로 이어질 오늘의 더 어려운 선택을 하는 것입니다.

70. DATE. 20 . . .

Grit is the ability to convert challenges into fuel that powers your journey toward mastery.

근성은 도전을 당신의 숙련을 향한 여정에 힘을 공급하는 연료로 전환하는 능력이다.

___

___

___

Vocabulary

convert	convert obstacles
v. 전환하다, 변환하다	장애물을 전환하다
fuel	provide fuel
n. 연료, 동력	연료를 제공하다
mastery	achieve mastery
n. 숙련, 통달	숙련을 달성하다
obstacle	overcome obstacle
n. 장애물, 방해물	장애물을 극복하다
momentum	build momentum
n. 탄력, 추진력	탄력을 구축하다
discouraging	discouraging situation
a. 낙담시키는, 실망스러운	낙담시키는 상황
empower	empower people
v. 힘을 주다, 권한을 부여하다	사람들에게 힘을 주다

The ability to convert obstacles into sources of motivation distinguishes those with exceptional grit. Those who use challenges as fuel create momentum that carries them toward mastery. The journey becomes powered by the very difficulties designed to stop progress. Grit transforms what could be discouraging into what becomes empowering.

장애물을 동기의 원천으로 바꾸는 능력이 뛰어난 근성을 지닌 사람들을 구분 짓습니다. 도전을 연료로 삼는 사람은 숙련을 향한 추진력을 만들어냅니다. 여정은 원래 진보를 막기 위해 존재하던 어려움들에서 오히려 동력을 얻게 됩니다. 근성이란 낙담의 원인을 오히려 자신을 강화하는 힘으로 바꾸는 것입니다.

71. DATE. 20 . . .

Grit means believing in your capacity to improve, even when progress is slow and setbacks are frequent.

근성이란 발전이 더디고 좌절이 잦을 때에도, 스스로 향상될 수 있다는 믿음을 갖는 것입니다.

___

___

___

Vocabulary

mindset	growth mindset
n. 사고방식	성장 사고방식
sustain	sustain growth
v. 지속하다	성장을 지속하다
improvement	seek improvement
n. 개선	개선을 추구하다
evidence	provide evidence
n. 증거, 근거	증거를 제시하다
minimal	minimal improvement
a. 최소한의	최소한의 진전
capacity	full capacity
n. 수용력, 능력	최대 수용력
distinguish	clearly distinguish
v. 구별하다	명확히 구별하다

A growth mindset sustains belief in improvement even when evidence of progress is minimal. Those who maintain confidence in their capacity to develop overcome frequent setbacks. The ability to see slow progress as still meaningful distinguishes those with true grit. Belief in your potential for improvement provides motivation when results are not yet visible.

성장형 사고방식은 진전의 증거가 거의 보이지 않을 때에도 개선 가능성에 대한 믿음을 유지합니다. 스스로의 성장 능력을 믿는 사람은 반복되는 좌절을 극복해냅니다. 느린 진전조차도 의미 있는 것으로 받아들이는 태도가 진정한 근성을 가진 사람을 구분 짓습니다. 결과가 아직 보이지 않는 순간에도 개선 가능성에 대한 믿음은 당신을 계속 앞으로 나아가게 합니다.

---

72. DATE. 20 . . .

Grit is pursuing worthy goals with unwavering dedication despite countless reasons to change course.

근성이란 방향을 바꿀 수많은 이유에도 불구하고, 가치 있는 목표를 향해 흔들림 없이 헌신하며 나아가는 것이다.

___

___

___

Vocabulary

pursue	pursue vision
v. 추구하다, 쫓다	비전을 추구하다
worthy	worthy goals
a. 가치 있는, 합당한	가치 있는 목표
unwavering	unwavering dedication
a. 흔들리지 않는, 확고한	흔들리지 않는 헌신
countless	countless obstacles
a. 수많은, 셀 수 없는	수많은 장애물
dedication	show dedication
n. 헌신, 전념	헌신을 보여주다
temptation	resist temptation
n. 유혹, 충동	유혹을 저항하다
abandon	abandon course
v. 포기하다, 버리다	과정을 포기하다

Unwavering dedication to worthy goals despite temptation to change direction defines true grit. Those who pursue their vision through countless obstacles maintain remarkable focus. The ability to stay the course when logical reasons suggest abandoning it shows exceptional commitment. Grit means remembering why you started when countless distractions tempt you to quit.

방향을 바꾸라는 유혹에도 불구하고, 가치 있는 목표에 흔들림 없이 전념하는 태도는 진정한 근성을 정의합니다. 수많은 장애물 속에서도 자신의 비전을 추구하는 사람은 놀라운 집중력을 유지합니다. 포기가 더 이성적으로 보일 때에도 길을 끝까지 가는 능력은 탁월한 전념을 보여줍니다. 근성이란 수많은 방해가 당신을 멈추게 하려 할 때, 왜 시작했는지를 기억하며 계속 나아가는 힘입니다.

---

73. DATE. 20 . . .

Grit isn't just about working harder; it's about working strategically with persistence toward meaningful goals.

근성이란 단지 더 열심히 일하는 것이 아니라, 의미 있는 목표를 향해 전략적으로 지속해 나가는 것이다.

Vocabulary

strategic	strategic approach
a. 전략적인, 계획적인	전략적인 접근법
persistence	show persistence
n. 지속성, 끈기	지속성을 보여주다
meaningful	meaningful work
a. 의미 있는, 유의미한	의미 있는 일
effectiveness	increase effectiveness
n. 효과, 효율성	효과를 높이다
frantically	work frantically
ad. 미친 듯이, 정신없이	미친 듯이 일하다
adapt	adapt strategy
v. 적응하다, 조정하다	전략을 조정하다
sustainable	sustainable progress
a. 지속 가능한	지속 가능한 발전

Strategic persistence combines hard work with effectiveness and clear direction. Those who work meaningfully rather than merely frantically achieve greater results. The ability to maintain persistence while adapting strategies demonstrates mature grit. Working strategically toward meaningful goals creates sustainable motivation that blind effort cannot.

전략적인 지속성은 단순한 노력에 그치지 않고, 효과성과 명확한 방향을 결합합니다. 그저 정신없이 일하기보다 의미 있게 일하는 사람이 더 큰 성과를 이룹니다. 전략을 조정하면서도 끈기를 유지할 수 있는 능력은 성숙한 근성을 보여줍니다. 의미 있는 목표를 향해 전략적으로 나아가는 일은, 맹목적인 노력으로는 얻을 수 없는 지속 가능한 동기를 만들어냅니다.

74. DATE. 20 . . .

Grit is the quiet courage to begin again tomorrow with undiminished enthusiasm despite today's disappointments.

근성이란 오늘의 실망에도 불구하고, 줄어들지 않은 열정으로 내일 다시 시작할 조용한 용기이다.

Vocabulary

courage	quiet courage
n. 용기, 담력	조용한 용기
undiminished	undiminished enthusiasm
a. 줄어들지 않은	줄어들지 않은 열정
disappointment	overcome disappointment
n. 실망, 낙담	실망을 극복하다
enduring	enduring commitment
a. 지속적인, 오래가는	지속적인 헌신
renewed	renewed energy
a. 새로워진, 갱신된	새로워진 에너지
resilience	remarkable resilience
n. 회복력, 탄력성	놀라운 회복력
determination	true determination
n. 결단력, 결심	진정한 결단력

The courage to maintain enthusiasm despite repeated disappointments defines enduring grit. Those who begin each day with renewed energy despite previous setbacks demonstrate remarkable resilience. The ability to treat each day as a fresh opportunity rather than a continuation of failure shows true determination. Grit means disappointments affect your emotions without diminishing your commitment.

반복되는 실망 속에서도 열정을 유지하는 용기는 지속적인 근성을 정의합니다. 이전의 좌절에도 불구하고 매일을 새로운 에너지로 시작하는 사람은 놀라운 회복력을 보여줍니다. 매일을 실패의 연장이 아닌 새로운 기회로 여길 수 있는 태도는 진정한 결단력을 나타냅니다. 근성이란 실망이 감정에는 영향을 주지만 의지는 약화시키지 않는다는 것을 의미합니다.

---

75. DATE. 20 . . .

Grit is refusing to quit after failing, knowing that every great story includes struggle.

근성이란 실패한 후에도 포기하지 않는 것이며, 모든 위대한 이야기에는 반드시 고난이 포함되어 있다는 것을 아는 것입니다.

Vocabulary

refuse v. 거절하다	refuse to quit 포기하기를 거절하다
struggle n. 고난, 분투	endure struggle 고난을 견디다
perseverance n. 인내, 끈기	demonstrate perseverance 끈기를 보여주다
narrative n. 이야기, 서사	inspiring narrative 영감을 주는 서사
adversity n. 역경, 고난	face adversity 역경에 맞서다
conviction n. 확신, 신념	hold conviction 신념을 지니다
breakthrough n. 돌파구, 획기적 성공	achieve breakthrough 돌파구를 이루다

Every great narrative includes moments of adversity that shape the hero's character. Grit means persevering through those moments, believing the breakthrough will come. Those who hold to their conviction refuse to quit, even when the path is uncertain. Grit transforms failure into a chapter, not the conclusion.

모든 위대한 이야기에는 주인공의 성격을 형성하는 역경의 순간들이 포함되어 있습니다. 근성이란 그러한 순간들을 인내하며 돌파구가 올 것을 믿는 것입니다. 신념을 지닌 사람들은 길이 불확실하더라도 포기하지 않습니다. 근성은 실패를 끝이 아니라 과정의 한 부분으로 만듭니다.

_____

_____

_____

_____

_____

_____

_____

_____

PART. 4

습 관

HABIT

Small actions add up to big change.

Daily habits guide your life

in the direction you desire.

작은 행동이 모여

큰 변화를 이끌어냅니다.

매일 반복하는 습관이

당신의 삶을

원하는 방향으로 이끌어갑니다.

76. DATE. 20 . . .

Habits eliminate the gap between intention and action by making behaviors automatic rather than requiring willpower.

습관은 행동을 의지력이 필요한 것이 아니라 자동적으로 만듦으로써 의도와 행동 사이의 간격을 제거한다.

_____

_____

_____

Vocabulary

eliminate	eliminate gap
v. 제거하다, 없애다	격차를 제거하다
intention	clear intention
n. 의도, 목적	분명한 의도
automatic	automatic behavior
a. 자동적인, 자발적인	자동적인 행동
willpower	require willpower
n. 의지력, 정신력	의지력을 필요로 하다
excessive	excessive effort
a. 과도한, 지나친	과도한 노력
drain	drain energy
v. 소모하다, 고갈시키다	에너지를 소모하다
bridge	bridge gap
v. 연결하다, 메우다	격차를 메우다

The gap between intention and action often requires excessive willpower to bridge. Habits transform behaviors from decisions that drain energy into automatic actions. Those who develop beneficial routines eliminate the daily struggle of motivation. Your willpower is a limited resource that habits help conserve for truly important decisions.

의도와 행동 사이의 간격을 메우기 위해서는 종종 과도한 의지력이 요구됩니다. 습관은 에너지를 소모하는 결정을 자동적인 행동으로 바꿔 줍니다. 유익한 루틴을 형성한 사람은 매일 동기를 찾기 위한 싸움을 제거할 수 있습니다. 당신의 의지력은 한정된 자원이기에, 습관은 그것을 진정으로 중요한 결정에 쓸 수 있도록 보존해 줍니다.

77. DATE. 20 . . .

Small habits compound over time, leading to remarkable transformations that seem impossible at the beginning.

작은 습관은 시간이 지남에 따라 복리로 작용하여, 처음에는 불가능해 보이는 주목할 만한 변화로 이어진다.

___

___

___

Vocabulary

compound	compound annually
v. 합성하다, 복리로 불리다	연 복리로 불리다
remarkable	remarkable achievement
a. 주목할 만한, 놀라운	주목할 만한 성취
transformation	complete transformation
n. 변화, 변형	완전한 변화
principle	understand principle
n. 원칙, 원리	원칙을 이해하다
dramatic	dramatic change
a. 극적인, 인상적인	극적인 변화
insignificant	insignificant action
a. 사소한, 중요하지 않은	사소한 행동
inevitable	inevitable outcome
a. 필연적인, 피할 수 없는	필연적인 결과

The compound effect of consistent small habits creates transformations that appear miraculous. Those who understand this principle focus on daily improvements rather than dramatic changes. Remarkable transformations are built through seemingly insignificant actions repeated over time. What seems impossible at the beginning becomes inevitable through the compound effect of habits.

일관된 작은 습관의 복리 효과는 기적처럼 보이는 변화를 만들어 냅니다. 이 원리를 이해하는 사람들은 극적인 변화보다는 매일의 작은 개선에 집중합니다. 주목할 만한 변화는 겉보기에는 사소해 보이는 행동들이 시간이 지나면서 반복되는 과정을 통해 이루어집니다. 처음에는 불가능해 보이던 일이 습관의 복리 효과를 통해 결국 필연적인 결과로 이어집니다.

78. DATE. 20 . . .

Your habits create your hourly life, and your hourly life creates your destiny.

당신의 습관은 당신의 매시간의 삶을 만들고, 그 매시간의 삶이 결국 당신의 운명을 형성한다.

___

___

___

Vocabulary

destiny	shape destiny
n. 운명, 숙명	운명을 형성하다
accumulate	accumulate knowledge
v. 축적하다, 모으다	지식을 축적하다
consequence	significant consequence
n. 결과, 영향	중요한 결과
intentional	intentional decision
a. 의도적인, 계획적인	의도적인 결정
reflect	reflect value
v. 반영하다, 나타내다	가치를 반영하다
trajectory	life trajectory
n. 궤도, 경로	인생 경로
consideration	careful consideration
n. 고려, 배려	신중한 고려

Hourly choices accumulate to shape the overall direction and consequences of your life. Those who create intentional habits reflect careful consideration of their desired destiny. The small decisions you make throughout each day gradually determine your life's trajectory. Your destiny is the accumulated consequence of thousands of hourly habits over many years.

매시간 내리는 선택들이 쌓여 당신 삶의 전체 방향과 결과를 만들어 냅니다. 의도적인 습관을 형성하는 사람은 자신이 바라는 운명을 신중하게 고려하여 반영합니다. 하루하루 반복하는 작은 결정들이 점차 당신 인생의 궤적을 결정합니다. 당신의 운명은 오랜 세월 쌓인 수천 개의 시간 단위 습관들이 누적된 결과입니다.

_____

_____

_____

_____

_____

_____

_____

_____

79. DATE. 20 . . .

New habits require clear intention, consistent action, and a supportive environment to become permanent.

새로운 습관이 영구적으로 자리잡기 위해서는 명확한 의도, 일관된 행동, 그리고 도움이 되는 환경이 필요하다.

Vocabulary

intention	clear intention
n. 의도, 목적	명확한 의도
consistent	consistent action
a. 일관된, 한결같은	일관된 행동
supportive	supportive environment
a. 지원하는, 도움이 되는	도움이 되는 환경
permanent	permanent change
a. 영구적인, 지속적인	영구적인 변화
establish	establish routine
v. 확립하다, 설립하다	일과를 확립하다
obstacle	remove obstacle
n. 장애물, 방해물	장애물을 제거하다
align	align goals
v. 정렬하다, 일치시키다	목표를 일치시키다

Clear intention gives direction to your efforts when forming new habits. Those who maintain consistent action despite initial difficulty establish lasting behaviors. A supportive environment removes unnecessary obstacles from your habit formation process. Permanent change requires aligning your intentions, actions, and surroundings toward the same goal.

명확한 의도는 새로운 습관을 형성할 때 당신의 노력에 방향을 제시합니다. 초기의 어려움에도 불구하고 꾸준히 행동하는 사람은 지속적인 행동을 확립합니다. 도움이 되는 환경은 습관 형성 과정에서 불필요한 장애물을 제거해 줍니다. 영구적인 변화는 의도, 행동, 그리고 주변 환경이 동일한 목표를 향해 일치할 때 이루어집니다.

80. DATE. 20   .   .   .

Habits begin as conscious choices but gradually transform into automatic behaviors that define your character.

습관은 의식적인 선택으로 시작하지만 점차 당신의 성격을 정의하는 자동적인 행동으로 변형된다.

Vocabulary

conscious	conscious decision
a. 의식적인, 자각하는	의식적인 결정
transform	transform behavior
v. 변형하다, 변화시키다	행동을 변형하다
automatic	automatic response
a. 자동적인, 무의식적인	자동적인 반응
define	define character
v. 정의하다, 규정하다	성격을 정의하다
consistency	maintain consistency
n. 일관성, 지속성	일관성을 유지하다
deliberate	deliberate choice
a. 의도적인, 계획적인	의도적인 선택
reveal	reveal truth
v. 드러내다, 보여주다	진실을 드러내다

The transformation from conscious choice to automatic behavior requires consistency and repetition. Those whose character reflects positive habits made intentional decisions that became automatic. The behaviors that define you today likely began as deliberate choices in the past. Your character is revealed through the automatic actions you take when no one is watching.

의식적인 선택이 자동적인 행동으로 변하기 위해서는 일관성과 반복이 필요합니다. 성격이 긍정적인 습관을 반영하는 사람들은 처음에 의도적인 결정을 내렸고, 그것이 점차 자동화되었습니다. 오늘 당신을 정의하는 행동은 과거의 의도적인 선택에서 비롯되었을 가능성이 큽니다. 당신의 성격은 아무도 보지 않을 때 드러나는 자동적인 행동을 통해 나타납니다.

---

81. DATE. 20 . . .

Habits are the compound interest of self-improvement—tiny changes that yield remarkable results over time.

습관은 자기계발에서 복리와 같다. - 아주 작은 변화들이 쌓이면 시간이 지나면서 놀라운 결과를 가져온다.

_____

_____

_____

Vocabulary

compound	compound interest
a. 합성의, 복합의	복리 이자
yield	yield results
v. 산출하다, 생산하다	결과를 산출하다
remarkable	remarkable outcome
a. 주목할 만한, 놀라운	주목할 만한 결과
principle	fundamental principle
n. 원칙, 원리	기본 원칙
sustainable	sustainable change
a. 지속 가능한	지속 가능한 변화
transformation	dramatic transformation
n. 변화, 변형	극적인 변화
insignificant	insignificant action
a. 사소한, 중요하지 않은	사소한 행동

Self-improvement through tiny habit changes yields extraordinary results through compound effect. Those who understand this principle focus on small, sustainable adjustments rather than dramatic transformations. The remarkable results of habit formation often appear only after a significant period of consistent practice. Time transforms seemingly insignificant habits into life-changing outcomes through the power of compound interest.

작은 습관의 변화는 복리 효과를 통해 자기 개선에서 비범한 결과를 만들어냅니다. 이 원리를 이해하는 사람은 극적인 변화보다 작고 지속 가능한 조정에 집중합니다. 습관 형성의 놀라운 결과는 종종 일정 기간 꾸준히 실천한 후에야 나타납니다. 시간은 복리 이자의 힘으로, 겉보기에는 사소했던 습관을 인생을 바꾸는 성과로 변화시킵니다.

82. DATE. 20 . . .

The quality of your habits determines the quality of your life; small improvements accumulate into transformative change.

당신의 습관의 질은 당신의 삶의 질을 결정한다; 작은 개선이 변혁적인 변화로 축적된다.

Vocabulary

quality	improve quality
n. 질, 품질	품질을 향상시키다
determine	determine outcome
v. 결정하다, 좌우하다	결과를 결정하다
improvement	continuous improvement
n. 개선, 향상	지속적인 개선
accumulate	accumulate knowledge
v. 축적하다, 모으다	지식을 축적하다
transformative	transformative change
a. 변혁적인, 혁신적인	변혁적인 변화
profound	profound effect
a. 깊은, 심오한	깊은 영향
emerge	emerge gradually
v. 나타나다, 생겨나다	점진적으로 나타나다

The quality of daily habits ultimately determines the quality of your long-term outcomes. Those who focus on continuous small improvements create transformative change through accumulation. The seemingly minor adjustments to your routine have profound effects when maintained consistently. Transformative life changes rarely happen suddenly but emerge from accumulated improvements in habits.

일상적인 습관의 질이 결국 당신의 장기적인 성과의 질을 결정합니다. 지속적으로 작은 개선에 집중하는 사람들은 축적을 통해 변혁적인 변화를 일으킵니다. 겉보기에는 사소한 일상 속 조정도 꾸준히 유지될 때 깊은 영향을 줍니다. 삶을 변화시키는 변혁은 갑자기 일어나기보다 습관의 누적된 개선에서 서서히 나타납니다.

83. DATE. 20 . . .

The most effective way to change your life is by changing your daily habits, not through momentary motivation.

당신의 삶을 바꾸는 가장 효과적인 방법은 순간적인 동기부여가 아니라 일상적인 습관을 바꾸는 것이다.

___

___

___

Vocabulary

effective a. 효과적인, 유효한	effective method 효과적인 방법
momentary a. 순간적인, 일시적인	momentary pleasure 순간적인 즐거움
motivation n. 동기, 동기부여	intrinsic motivation 내재적 동기
spurt n. 분출, 급증	sudden spurt 갑작스러운 급증
transform v. 변형하다, 변화시키다	transform life 삶을 변화시키다
modify v. 수정하다, 변경하다	modify approach 접근법을 수정하다
established a. 확립된, 정착된	established pattern 확립된 패턴

Long-term change comes through consistent habits rather than momentary spurts of motivation. Those who transform their lives focus on daily practices rather than occasional intense efforts. The effective approach to improvement modifies the routines you follow automatically every day. Momentary motivation fades, but established habits continue to shape your life even when inspiration is low.

장기적인 변화는 일시적인 동기 부여의 분출이 아니라, 꾸준한 습관을 통해 이루어집니다. 삶을 변형시키는 사람들은 간헐적인 강한 노력보다 매일의 실천에 집중합니다. 개선을 위한 효과적인 방법은 매일 자동으로 반복되는 일상을 수정하는 데 있습니다. 순간적인 동기 부여는 사라져도, 확립된 습관은 영감이 부족할 때에도 여전히 당신의 삶을 형성합니다.

84. DATE. 20 . . .

Habits function as mental shortcuts that allow your brain to conserve energy for more important decisions.

습관은 당신의 뇌가 더 중요한 결정을 위해 에너지를 보존할 수 있게 해주는 정신적 지름길로 기능한다.

Vocabulary

function	function properly
v. 기능하다, 작용하다	제대로 기능하다
shortcut	mental shortcut
n. 지름길, 단축키	정신적 지름길
conserve	conserve energy
v. 보존하다, 절약하다	에너지를 보존하다
efficient	efficient process
a. 효율적인	효율적인 과정
establish	establish routine
v. 확립하다, 설립하다	일과를 확립하다
automate	automate process
v. 자동화하다	과정을 자동화하다
cognitive	cognitive load
a. 인지적인, 인식의	인지적 부하

Habits serve as mental shortcuts that help the brain operate efficiently in routine situations. By establishing productive habits, you preserve mental energy for high-stakes decisions. The brain naturally automates repeated behaviors to reduce cognitive load. In this way, habits act like internal energy managers, allowing you to focus on unfamiliar or complex tasks.

습관은 반복적인 상황에서 뇌가 효율적으로 작동하도록 돕는 정신적 지름길 역할을 합니다. 생산적인 습관을 확립하면 더 중요한 결정을 내릴 때 사용할 수 있도록 정신적 에너지를 보존할 수 있습니다. 뇌는 인지적 부담을 줄이기 위해 반복되는 행동을 자연스럽게 자동화합니다. 이러한 점에서 습관은 복잡하거나 낯선 과제에 집중할 수 있도록 내부 에너지 관리자처럼 작동합니다.

85. DATE. 20 . . .

The environment you create often determines the habits you develop. Design your surroundings to support your goals.

당신이 만들어가는 환경은 흔히 당신이 갖게 될 습관을 결정한다. 목표를 달성할 수 있도록 주변 환경을 설계하라.

Vocabulary

environment n. 환경, 주변	create environment 환경을 만들다
determine v. 결정하다, 좌우하다	determine outcome 결과를 결정하다
design v. 설계하다, 디자인하다	design space 공간을 설계하다
influence v. 영향을 주다, 좌우하다	influence decision 결정에 영향을 주다
strategic a. 전략적인, 계획적인	strategic placement 전략적인 배치
undermine v. 약화시키다, 손상시키다	undermine progress 발전을 약화시키다
cue n. 신호 / v. 신호를 주다	cue behavior 행동에 신호를 주다

The environment you inhabit powerfully influences which habits develop naturally. Those who design their surroundings intentionally make positive behaviors easier to maintain. The strategic arrangement of your physical space can support or undermine your most important goals. Developing beneficial habits becomes significantly easier when your environment automatically cues desired behaviors.

당신이 속한 환경은 어떤 습관이 자연스럽게 형성되는지에 강력한 영향을 미칩니다. 의도적으로 주변 환경을 설계하는 사람들은 긍정적인 행동을 더 쉽게 유지할 수 있습니다. 물리적 공간을 전략적으로 배치하는 것은 당신의 가장 중요한 목표를 지원할 수도, 방해할 수도 있습니다. 환경이 자동으로 원하는 행동을 유도할 때, 유익한 습관을 기르는 일이 훨씬 수월해집니다.

---

86. DATE. 20   .   .   .

Habits are powerful because they allow you to act without overthinking, saving your energy for more important tasks.

습관은 당신이 과도하게 고민하지 않고 행동할 수 있게 해주기 때문에 강력하다. 이는 더 중요한 일에 에너지를 아낄 수 있게 해준다.

Vocabulary

habit	good habit
n. 습관	좋은 습관
overthink	overthink the situation
v. 과도하게 생각하다	상황을 과도하게 생각하다
reduce	reduce costs
v. 줄이다	비용을 줄이다
decision	make a decision
n. 결정, 판단, 선택	결정을 내리다
waste	waste time
n. 폐기물 / v. 낭비하다	시간을 낭비하다
matter	doesn't matter
n. 물질 / v. 중요하다	중요하지 않다
efficient	efficient system
a. 효율적인	효율적인 시스템

Habits reduce the need to make decisions all the time. This helps you avoid wasting energy on simple actions. As a result, you can focus on what truly matters. Good habits make your life more efficient and less stressful.

습관은 항상 결정을 내려야 하는 부담을 줄여줍니다. 이는 단순한 행동에 에너지를 낭비하지 않도록 도와줍니다. 그 결과, 진정으로 중요한 일에 집중할 수 있게 됩니다. 좋은 습관은 당신의 삶을 더욱 효율적이고 스트레스가 적게 만듭니다.

87. DATE. 20 . . .

Meaningful change comes from stacking small habits into consistent routines that align with your identity.

의미 있는 변화는 작은 습관들을 당신의 정체성에 부합하는 일관된 루틴으로 쌓아 올리는 데서 시작됩니다.

Vocabulary

meaningful	meaningful change
a. 의미 있는, 유의미한	의미 있는 변화
stack	stack habits
v. 쌓다, 적층하다	습관을 쌓다
consistent	consistent approach
a. 일관된, 한결같은	일관된 접근법
routine	daily routine
n. 루틴, 일과	일상적 루틴
align	align values
v. 일치시키다, 정렬하다	가치관을 일치시키다
identity	core identity
n. 정체성, 신원	핵심 정체성
reinforce	reinforce belief
v. 강화하다, 보강하다	믿음을 강화하다

Stacking small habits into established routines creates sustainable behavior change. Those who align new practices with their core identity maintain them more naturally. The consistent routines you follow reflect and reinforce who you believe yourself to be. Meaningful change happens when your habits become expressions of your identity rather than tasks to complete.

작은 습관을 확립된 루틴에 쌓아 올리는 것은 지속 가능한 행동 변화를 만들어냅니다. 새로운 실천을 자신의 핵심 정체성과 일치시키는 사람은 그것을 더 자연스럽게 유지합니다. 당신이 따르는 일관된 루틴은 자신이 누구인지에 대한 믿음을 반영하고 강화합니다. 의미 있는 변화는 습관이 단순한 완료해야 할 일이 아니라, 당신의 정체성을 표현하는 방식이 될 때 일어납니다.

---

88. DATE. 20 . . .

Changing a habit requires awareness of your current behavior and the willingness to try something new.

습관을 바꾸려면 현재의 행동을 인식하고 새로운 것을 시도하려는 의지가 필요하다.

Vocabulary

habit	daily habit
n. 습관	일상 습관
require	require effort
v. 요구하다	노력을 요구하다
awareness	self awareness
n. 인식	자기 인식
behavior	human behavior
n. 행동	인간 행동
willingness	show willingness
n. 의지	의지를 보여주다
identify	identify problem
v. 식별하다	문제를 식별하다
replace	replace the battery
v. 교체하다	배터리를 교체하다

To change a habit, you must first notice what you are doing. Awareness helps you identify patterns. Willingness gives you the courage to try new actions. With effort, new habits can replace old ones.

습관을 바꾸려면 먼저 자신이 어떤 행동을 하고 있는지 인지해야 합니다. 인지하는 것은 행동 패턴을 파악하는 데 도움을 줍니다. 의지는 새로운 행동을 시도할 용기를 제공합니다. 노력하면 새로운 습관이 오래된 습관을 대체할 수 있습니다.

_____

_____

_____

_____

_____

_____

_____

_____

_____

_____

89. DATE. 20 . . .

The most effective habit changes create immediate satisfaction while aligning with your long-term goals.

가장 효과적인 습관 변화는 당신의 장기적인 목표와 일치하면서 즉각적인 만족을 만든다.

___

___

___

Vocabulary

effective	effective strategy
a. 효과적인, 유효한	효과적인 전략
immediate	immediate reward
a. 즉각적인, 직접적인	즉각적인 보상
satisfaction	create satisfaction
n. 만족, 충족	만족을 만들다
align	align goals
v. 일치시키다, 정렬하다	목표를 일치시키다
likelihood	increase likelihood
n. 가능성, 확률	가능성을 높이다
sustainable	sustainable change
a. 지속 가능한	지속 가능한 변화
simultaneous	simultaneous effect
a. 동시의, 동시적인	동시적인 효과

Immediate satisfaction increases the likelihood that new habits will be maintained. Those who align immediate pleasure with long-term benefits create sustainable behavior change. The most effective habit transformations solve both present and future needs simultaneously. Creating immediate satisfaction from behaviors that serve your long-term goals bridges the gap between present actions and future outcomes.

즉각적인 만족은 새로운 습관이 지속될 가능성을 높입니다. 즉각적인 즐거움을 장기적인 이득과 일치시키는 사람은 지속 가능한 행동 변화를 만들어냅니다. 가장 효과적인 습관 변화는 현재와 미래의 필요를 동시에 충족시킵니다. 장기 목표에 부합하는 행동에서 즉각적인 만족을 느끼는 것은 현재의 행동과 미래의 결과 사이의 간극을 메워 줍니다.

___

___

___

___

___

___

90. DATE. 20   . . .

Replacing a bad habit with a good one is more effective than simply trying to stop the bad habit.

나쁜 습관을 단순히 멈추려 하기보다는 좋은 습관으로 대체하는 것이 더 효과적이다.

___

___

___

Vocabulary

replace	replace habit
v. 대체하다	습관을 대체하다
habit	good habit
n. 습관	좋은 습관
effective	effective method
a. 효과적인	효과적인 방법
simply	simply try
adv. 단순히	단순히 시도하다
positive	positive attitude
a. 긍정적인	긍정적인 태도
sustainable	sustainable change
a. 지속 가능한	지속 가능한 변화
negative	negative pattern
a. 부정적인	부정적인 패턴

It is hard to just stop a bad habit. Replacing it with a good one gives you something positive to focus on. This makes change easier and more sustainable. Positive actions help you break negative patterns.

나쁜 습관을 그만두는 것은 어렵습니다. 좋은 습관으로 바꾸면 긍정적인 것에 집중할 수 있습니다. 이렇게 하면 변화가 더 쉽고 오래갑니다. 긍정적인 행동이 부정적인 패턴을 끊는 데 도움이 됩니다.

_____

_____

_____

_____

_____

_____

_____

_____

_____

_____

91. DATE. 20 . . .

Tracking your habits creates awareness and accountability that significantly increase your chances of success.

당신의 습관을 추적하는 것은 당신의 성공 가능성을 크게 증가시키는 인식과 책임감을 만든다.

___

___

___

Vocabulary

track	track progress
v. 추적하다, 기록하다	진행 상황을 추적하다
awareness	raise awareness
n. 인식, 자각	인식을 높이다
accountability	maintain accountability
n. 책임감, 설명 책임	책임감을 유지하다
significantly	significantly improve
ad. 상당히, 크게	상당히 향상시키다
overlook	overlook detail
v. 간과하다, 못 보다	세부사항을 간과하다
consistency	improve consistency
n. 일관성, 지속성	일관성을 향상시키다
objective	objective measurement
a. 객관적인	객관적인 측정

Tracking creates awareness of behavioral patterns you might otherwise overlook. Those who maintain accountability through measurement significantly improve their consistency. The simple act of monitoring your habits increases the likelihood of maintaining them. Success becomes more likely when you objectively track your progress rather than relying on subjective feelings.

추적은 평소에 간과하기 쉬운 행동 패턴에 대한 인식을 높여줍니다. 측정을 통해 책임감을 유지하는 사람은 일관성을 크게 향상시킵니다. 습관을 모니터링하는 단순한 행동만으로도 그것을 유지할 가능성이 높아집니다. 주관적인 느낌에 의존하기보다는 진행 상황을 객관적으로 추적할 때 성공 가능성이 더 커집니다.

_____

_____

_____

_____

_____

_____

92. DATE. 20 . . .

Habits are formed through a cycle of cue, craving, response, and reward; understanding this loop allows you to change any behavior.

습관은 신호, 갈망, 반응, 그리고 보상의 주기를 통해 형성된다. 이 순환 과정을 이해하면 어떤 행동도 변화시킬 수 있게 된다.

Vocabulary

cue	environmental cue
n. 신호, 단서	환경적 신호
craving	intense craving
n. 갈망, 욕구	강한 갈망
reward	immediate reward
n. 보상, 대가	즉각적인 보상
intervention	effective intervention
n. 개입, 중재	효과적인 개입
mechanism	underlying mechanism
n. 메커니즘, 체계	기저 메커니즘
reinforce	reinforce behavior
v. 강화하다, 보강하다	행동을 강화하다
automatic	automatic response
a. 자동적인, 자발적인	자동적인 반응

The habit loop of cue, craving, response, and reward drives all automatic behaviors. Those who understand this cycle can intervene at any point to change unwanted patterns. The cues that trigger your habits and the rewards that reinforce them determine their strength. Understanding this loop allows you to design interventions that specifically target the underlying mechanisms of habit formation.

습관의 순환 고리인 신호, 갈망, 반응, 보상은 모든 자동 행동을 이끕니다. 이 순환 과정을 이해하는 사람은 원하지 않는 패턴을 바꾸기 위해 어느 단계에서든 개입할 수 있습니다. 습관을 유발하는 신호와 그것을 강화하는 보상이 습관의 강도를 결정합니다. 이 고리를 이해하면 습관 형성의 기저 메커니즘을 정확히 겨냥한 개입을 설계할 수 있습니다.

93. DATE. 20 . . .

A single positive habit, practiced consistently, can transform your daily routine and lead to lasting improvement.

하나의 긍정적인 습관도 꾸준히 실천하면 당신의 일상을 변화시키고 지속적인 발전을 이끌 수 있다.

Vocabulary

positive a. 긍정적인	positive attitude 긍정적인 태도
practice v. 실천하다	practice regularly 정기적으로 실천하다
consistently ad. 꾸준히	consistently practice 꾸준히 실천하다
transform v. 변화시키다	transform routine 일상을 변화시키다
routine n. 일상, 습관	daily routine 일상
lead v. 이끌다, 이어지다	lead to improvement 발전을 이끌다
lasting a. 지속적인	lasting improvement 지속적인 발전

Practicing a positive habit every day can make a big difference. Consistency is the key to real change. Even small actions, when repeated, transform your routine. Over time, these changes lead to lasting improvement.

매일 긍정적인 습관을 실천하면 큰 차이를 만들 수 있습니다. 진정한 변화의 열쇠는 꾸준함입니다. 작은 행동도 반복되면 일상을 변화시킵니다. 시간이 지나면 이런 변화가 지속적인 발전으로 이어집니다.

94. DATE. 20 . . .

Making good habits obvious, attractive, easy, and satisfying while making bad habits invisible, unattractive, difficult, and unsatisfying creates lasting change.

좋은 습관을 명백하고, 매력적이고, 쉽고, 만족스럽게 만드는 동시에 나쁜 습관을 보이지 않고, 매력적이지 않고, 어렵고, 만족스럽지 않게 만드는 것이 지속적인 변화를 만든다.

Vocabulary

obvious	obvious solution
a. 명백한, 분명한	명백한 해결책
attractive	attractive option
a. 매력적인, 끌리는	매력적인 선택지
satisfying	satisfying outcome
a. 만족스러운, 흡족한	만족스러운 결과
invisible	invisible barrier
a. 보이지 않는, 눈에 띄지 않는	보이지 않는 장벽
unattractive	unattractive choice
a. 매력적이지 않은	매력적이지 않은 선택
substantial	substantial improvement
a. 상당한, 실질적인	상당한 개선
simultaneously	act simultaneously
ad. 동시에	동시에 행동하다

Creating an environment where good habits are obvious and easy substantially increases success. Those who make desirable behaviors attractive and satisfying maintain them naturally over time. The most effective approach to habit change addresses both sides of the behavior equation simultaneously. Making bad habits difficult and unsatisfying creates natural barriers to unwanted behaviors.

좋은 습관이 명백하고 쉬운 환경을 만드는 것은 성공 가능성을 상당히 증가시킵니다. 바람직한 행동을 매력적이고 만족스럽게 만드는 사람은 시간이 지나도 자연스럽게 그것을 유지합니다. 습관 변화를 위한 가장 효과적인 방법은 행동의 양면을 동시에 다루는 것입니다. 나쁜 습관을 어렵고 만족스럽지 못하게 만들면 원하지 않는 행동에 대한 자연스러운 장벽이 생깁니다.

95. DATE. 20 . . .

Habits stick when they become part of your identity; lasting change comes from believing 'I am the type of person who does this.'

습관은 그것들이 당신의 정체성의 일부가 될 때 자리잡는다; 지속적인 변화는 '나는 이것을 하는 유형의 사람이다'라고 믿는 것에서 온다.

Vocabulary

identity n. 정체성, 신원	personal identity 개인적 정체성
stick v. 고수하다, 달라붙다	stick to plan 계획에 고수하다
lasting a. 지속적인, 오래가는	lasting change 지속적인 변화
fundamental a. 근본적인, 기본적인	fundamental belief 근본적인 믿음
integrate v. 통합하다, 결합하다	integrate concept 개념을 통합하다
alignment n. 일치, 정렬	in alignment with ~와 일치하여
embody v. 구현하다, 체현하다	embody value 가치를 구현하다

Lasting habits become integrated with how you view your fundamental identity. Those who believe they are a certain type of person naturally act in alignment with that belief. The most powerful changes come when habits shift from things you do to aspects of who you are. Identifying yourself as someone who embodies certain behaviors makes those behaviors automatic.

지속적인 습관은 자신이 자신의 근본적인 정체성을 어떻게 인식하는지와 통합될 때 형성됩니다. 특정한 유형의 사람이라고 믿는 사람은 자연스럽게 그 믿음에 맞는 방식으로 행동합니다. 가장 강력한 변화는 습관이 '내가 하는 일'에서 '내가 누구인가'의 일부로 전환될 때 일어납니다. 자신을 특정 행동을 실천하는 사람으로 인식하면, 그 행동은 자동적으로 이루어집니다.

96. DATE. 20 . . .

Habits are the invisible architecture of character—small choices that quietly shape who you become.

습관은 성격의 보이지 않는 구조이다. —작은 선택들이 조용히 당신이 어떤 사람이 되는지를 만든다.

_____

_____

_____

Vocabulary

invisible	invisible architecture
a. 보이지 않는	보이지 않는 구조
architecture	character architecture
n. 구조	성격의 구조
countless	countless decisions
a. 셀 수 없는	셀 수 없는 결정들
blueprint	invisible blueprint
n. 청사진	보이지 않는 청사진
construct	construct character
v. 구성하다	성격을 구성하다
deliberate	deliberate choices
a. 의도적인	의도적인 선택들
stability	determine stability
n. 안정성	안정성을 결정하다

Character is built through countless small decisions that often go unnoticed. Daily habits draw the invisible blueprint of who you become. Those who understand this construct their character intentionally through deliberate choices. Like a foundation, your habits determine the stability of your entire character structure.

인격은 종종 눈에 띄지 않는 수많은 작은 결정들로 형성됩니다. 매일의 습관이 당신이 될 사람의 보이지 않는 청사진을 그립니다. 이를 이해하는 사람들은 의도적인 선택을 통해 인격을 구축합니다. 기초처럼, 당신의 습관은 전체 인격 구조의 안정성을 결정합니다.

___

___

___

___

___

___

___

___

___

97. DATE. 20 . . .

Habits are seeds planted in the soil of routine that eventually grow into the harvest of destiny.

습관은 일상이라는 토양에 심어진 씨앗으로, 결국 운명이라는 열매로 자라난다.

Vocabulary

routine	daily routine
n. 일상	일상생활
potential	contain potential
n. 가능성	가능성을 담다
transformation	future transformation
n. 변화, 탈바꿈	미래의 변화
fertile	fertile soil
a. 비옥한	비옥한 토양
cultivate	cultivate habits
v. 경작하다, 기르다	습관을 기르다
patience	with patience
n. 인내	인내심을 가지고
destiny	discover destiny
n. 운명	운명을 발견하다
fulfillment	personal fulfillment
n. 성취, 만족	개인적 성취

Every small habit you plant today contains potential for future transformation. Daily routine becomes fertile soil where behavioral seeds take root and grow. Those who cultivate positive habits with patience discover their destiny grows from daily choices. Like a careful farmer, consistent nurturing of good habits yields abundant personal fulfillment.

오늘 심는 모든 작은 습관은 미래 변화의 가능성을 담고 있습니다. 일상은 행동의 씨앗이 뿌리내리고 자라나는 비옥한 토양이 됩니다. 인내심으로 긍정적 습관을 기르는 사람들은 운명이 매일의 선택에서 자란다는 것을 발견합니다. 신중한 농부처럼, 좋은 습관을 꾸준히 돌보면 풍성한 개인적 성취를 얻습니다.

___

___

___

___

___

___

___

___

98. DATE. 20 . . .

The compound effect of small habits isn't just addition but multiplication; tiny improvements build exponentially over time.

작은 습관의 복리 효과는 단지 덧셈이 아니라 곱셈이다; 작은 개선은 시간이 지남에 따라 기하급수적으로 구축된다.

Vocabulary

compound	compound effect
a. 복합의, 합성의	복합 효과
multiplication	multiplication process
n. 곱셈, 증식	곱셈 과정
exponentially	grow exponentially
ad. 기하급수적으로	기하급수적으로 성장하다
insignificant	insignificant change
a. 사소한, 중요하지 않은	사소한 변화
isolation	in isolation
n. 고립, 분리	고립된 상태로
transformative	transformative power
a. 변혁적인, 변화를 가져오는	변혁적인 힘
magnify	magnify difference
v. 확대하다, 증폭시키다	차이를 확대하다

The compound effect transforms small improvements into exponential growth over time. Those who understand multiplication rather than addition see the true power of habits. Tiny improvements that seem insignificant in isolation become transformative when consistently applied. Time magnifies the difference between those who make slight improvements and those who don't change.

복리 효과는 작은 개선을 시간이 지남에 따라 기하급수적인 성장으로 변화시킵니다. 덧셈이 아닌 곱셈을 이해하는 사람은 습관의 진정한 힘을 깨닫습니다. 고립된 상태에서는 사소해 보이는 작은 개선도 꾸준히 적용되면 변혁적인 결과를 가져옵니다. 시간은 조금씩 개선을 실천하는 사람과 전혀 변하지 않는 사람 사이의 차이를 확대시킵니다.

___

___

___

___

___

___

___

99. DATE. 20 . . .

The ultimate purpose of habits is to solve life's problems with as little energy and effort as possible, freeing you to focus on what truly matters.

습관의 궁극적인 목적은 가능한 한 적은 에너지와 노력으로 인생의 문제를 해결하여, 당신이 진정으로 중요한 것에 집중할 수 있게 하는 것이다.

Vocabulary

ultimate a. 궁극적인, 최종적인	ultimate goal 궁극적인 목표
purpose n. 목적, 의도	clear purpose 명확한 목적
minimal a. 최소한의, 아주 작은	minimal effort 최소한의 노력
cognitive a. 인지적인, 인식의	cognitive resource 인지적 자원
establish v. 확립하다, 설립하다	establish system 시스템을 확립하다
preserve v. 보존하다, 유지하다	preserve energy 에너지를 보존하다
capacity n. 능력, 역량	mental capacity 정신적 능력

The ultimate purpose of habits is to solve recurring problems with minimal cognitive effort. Those who establish effective habits free mental energy for pursuits that truly matter. The automation of routine decisions allows you to focus attention on more meaningful challenges. Habits serve their highest purpose when they handle life's necessities while preserving your capacity for creativity and presence.

습관의 궁극적인 목적은 최소한의 인지적 노력으로 반복되는 문제를 해결하는 것입니다. 효과적인 습관을 확립하는 사람은 진정으로 중요한 일에 쓸 정신적 에너지를 자유롭게 합니다. 일상적인 결정을 자동화하면 더 의미 있는 도전에 집중할 수 있습니다. 습관은 인생의 필수 과제를 처리하면서 창의성과 몰입을 위한 역량을 보존할 때 최고의 가치를 발휘합니다.

100. DATE. 20 . . .

The strength of your habits determines the resilience of your mind in times of adversity.

습관의 강도는 역경의 시기에 당신의 마음의 회복력을 결정한다.

Vocabulary

strength	mental strength
n. 힘	정신력
habit	strong habit
n. 습관	강한 습관
determine	determine outcome
v. 결정하다	결과를 결정하다
resilience	build resilience
n. 회복력	회복력을 구축하다
adversity	face adversity
n. 역경	역경에 직면하다
foundation	solid foundation
n. 기반	견고한 기반
encounter	encounter difficulty
v. 마주치다	어려움을 마주치다

Your habits create the foundation of your mind's strength. When you encounter adversity, it is not your momentary feelings but your consistent habits that carry you through. Building strong habits develops your mental resilience. In the long run, habits shape how you respond, not just how you feel.

당신의 습관은 마음의 힘의 토대가 됩니다. 역경에 직면했을 때, 당신을 지탱하는 것은 순간적인 감정이 아니라 일관된 습관입니다. 강한 습관을 구축하는 것은 정신적 회복력을 발전시키는 일입니다. 장기적으로 습관은 단지 감정뿐 아니라 당신의 반응 방식을 형성합니다.

강철멘탈 Vol.2 Iron Will

ⓒ정승익

초판 1쇄 인쇄 | 2025년 7월 7일

지은이 | 정승익
편집인 | 김진호
디자인 | 주서윤
마케팅 | 네버기브업

펴낸곳 | 네버기브업
ISBN | 979-11-94600-41-1(03740)

이메일 | nevernevergiveup2024@gmail.com